Seluba Buddhism Books
知る・わかる・こころの旅を豊かにする
セルバ仏教ブックス

はじめての「四国遍路88ヶ所巡り」入門

浅井證善 著

セルバ出版

はじめに

　私にとって四国遍路は、毎年遂行する大切な修行の1つです。今までに徒歩遍路は計6度成満していますが、最近は年長の方々と、車で行くことが多くなりました。

　ところで、四国遍路に対する筆者の持論は、「聖道に力あり」ということです。1つひとつの札所は、もちろん、それらをつなぐ聖道（大師のみち、遍路みち）に諸仏、神々の威神力が通っています。

　ここで四国の遍路みちを敢えて聖道と申しましたが、この聖道は一般道と違って、人々の如何なることも可能ならしめる不可思議なエネルギーに満ちている道なのです。

　はるか昔から人々は、この四国の辺路に真理を求め、浄土を憧れて、清浄な心で一生懸命歩きました。その中には、お大師さま（弘法大師空海）をはじめ、真如法親王、聖宝、重源、西行、道範、一遍、空性法親王、澄禅等の人々がいました。また、名もなき庶民が大勢歩いています。そういった僧俗の純粋な霊性が流れているのが遍路みちです。

　したがって、難病も治り、思いもかけぬ数々の奇跡が起こります。諸仏の神変力も加わり、奇跡が起こることは、当然といえば当然でもあります。それが四国の聖なる道の功徳でもあり、88の札所を巡る功徳です。こういったことは、自分が真剣に巡拝して、はじめて体得できることです。

　また、1度巡拝を終えた後、再び心が四国に向き、2度目、3度目と遍路を重ねる人達が大勢います。これも聖道が招く力といってよいでしょう。すなわち、お大師さまのお導きの力です。このお導きによって、今までどれだけ多くの人々が助けられてことでありましょうか。

　むろん、筆者もその中の1人です。毎年、巡拝するたびに、信仰のありがたさが身にしみます。かつまた、この遍路修行に引入してくださった先達（玉井良太郎師、矢田部信恵子師）に心から感謝しています。

平成21年夏

　　　　　　　　　　　　　　　　　　　　　　　　　　證善　合掌

はじめての「四国遍路88ヶ所巡り」入門　目　次

はじめに

1　弘法大師の室戸修行
①　お大師さまが悟りに達した室戸・・・・・・・・・・・・・・・・・・・・・・・・・・・・6
②　お大師さまの求聞持修行の窟・・・・・・・・・・・・・・・・・・・・・・・・・・・・・8

2　四国88ヶ所の由来と遍路
①　88ヶ所の由来・・・12
②　胎蔵曼荼羅を巡る修行・・・・・・・・・・・・・・・・・・・・・・・・・・・・・・・・・16
③　遍路の意義と目的・・・・・・・・・・・・・・・・・・・・・・・・・・・・・・・・・・・・18
④　遍路（巡礼）の起源・修験道との関係・・・・・・・・・・・・・・・・・・・21

3　88ヶ所の御開創と遍路の元祖
①　弘法大師の88ヶ所御開創・・・・・・・・・・・・・・・・・・・・・・・・・・・・・・26
②　遍路の元祖・右衛門三郎・・・・・・・・・・・・・・・・・・・・・・・・・・・・・・30

4　遍路修行を助けた人々
①　真念、寂本、仏海上人・・・・・・・・・・・・・・・・・・・・・・・・・・・・・・・・36
②　武田徳右衛門、照蓮、川の屋政吉、静道・・・・・・・・・・・・・・・40
③　中務茂兵衛、伊藤萬蔵・・・・・・・・・・・・・・・・・・・・・・・・・・・・・・・・43

5　遍路の基礎知識
①　遍路の素朴な疑問・・・・・・・・・・・・・・・・・・・・・・・・・・・・・・・・・・・46
②　初心者の徒歩遍路心得・・・・・・・・・・・・・・・・・・・・・・・・・・・・・・・59
③　遍路の必需品・・・・・・・・・・・・・・・・・・・・・・・・・・・・・・・・・・・・・・・61
④　遍路用語の説明・・・・・・・・・・・・・・・・・・・・・・・・・・・・・・・・・・・・66

6　四国徒歩遍路日誌・・・・・・・・・・・・・・・・・・・・・・・・・・・・・・・・・・・・・72

1　弘法大師の室戸修行

① お大師さまが悟りに達した室戸

最大の難所だった室戸

　弘法大師の三大寺院として、金剛峯寺(高野山)、東寺(京都)、善通寺(四国)があげられます。

　善通寺は御誕生所であり、弘法大師の修行の聖地としては、四国では室戸です。周知のごとく、弘法大師は若き頃室戸にて虚空蔵菩薩求聞持法を修行し、実に尊い悟りを得ました。

　この室戸は、弘法大師の当時においては、徳島側から海辺の道を通ることは難しいことでした。一般の遍路が海辺を辿って室戸に達し、さらに海辺の道を辿ることは、凡そ室町期以降のことを思われます。

　何といっても徳島側から室戸に向う路(室戸路)は、最大の難所であり、江戸時代頃には「飛び石、跳ね石、ごろごろ石」といわれ、現在のように陸路が開かれていませんでしたので、浜辺の汐に染まりながら、あるいは蔦、蔓を掴んで険しい山を越え、仏海庵に接待の宿を得て室戸に向かいました。

　周知のごとく室戸岬の御厨人窟は、岬の先端にて、現在もただ黒汐の谺が響くところです。

弘法大師が悟りに達した窟

　平安の当時、室戸の海辺には現在見られるように若干の洞窟もあり、極めて人跡の薄い所から、山林行者の修行地でした。

　鎌倉期の記録によると、東寺(最御崎寺)から西寺(金剛頂寺)までの間を室戸崎という、と伝えています。かつまた、かの弘法大師が虚空蔵菩薩求聞持法によって悟りに達した窟は、時代によって3か所説かれています。

　すなわち、1つは行当岬の不動巖の不動

不動窟

窟、2つ目は室戸岬の弘法大師の一夜建立の岩屋（堂）、3つ目は室戸岬の御厨人窟です。

　要するに、室戸岬から不動巖のある行当岬は、弘法大師の当時において、名の通った修行地でした。俗世を離れたその佇いは現在も続いています。

　弘法大師の当時の和歌として、次の一首が伝わっています。
　　法性の室戸といえどわがすめば
　　　有為の波風よせぬ日ぞなき

　歌の意味は、清浄さながらの室戸であっても、私が住むと毎日無常（生滅するこの世）の波風がおし寄せる、という内容です。すなわち、若き日の弘法大師の修行中の悩みが、波風に喩えられています。

　ところで、行当岬の行当とは、行道のことであり、その名の由来を尋ねると、どうもかの不動巖が行道岩と呼ばれていたことによるものと思えます。

　すなわち、大巖の先端をぐるりと順回りにめぐること、これが修験の行道岩であり、大峰山の平等岩（行道岩が訛って平等岩となった）をはじめ、各地の修験の霊跡に存在しています。

　行当岬の不動巖は、ぐるりと行道するには極めて危険であり、かつては縄のようなものを岩に巻きつけ、それを手に握りつつ廻ったものと考えられます。現在の巖にかつて廻った痕跡が残っています。

　かつまた、この不動巖から、金剛頂寺までの間の遍路道は行道坂と呼ばれ、それが岬の中心の峰の上をじぐざぐに登るところから、行当（行道）岬の名が付けられたのです。巖から寺まで現在は数時間で達しますが、昔はもっと険路でありました。

　現在も細い山道であり、人家もないに等しいのです。

　室戸岬から行当岬に至る海岸伝いの道は、弘法大師当時、どこまで開かれていたか、その確証はありません。おそらく弘法大師の修行以降、徐々に繋がっていったものと思われます。

　このような海と山の折りなす俗世を離れたところは、修行者にとって極めてありがたく、金剛頂寺が女人禁制の聖地とされたのです。

①　お大師さまが悟りに達した室戸

②　お大師さまの求聞持修行の窟

弘法大師と金剛頂寺

　金剛頂寺の伝によれば、かつて弘法大師が不動巌から寺まで来るのに、諸(もろもろ)の魔に魅(ま)いられ、七日(なのか)七夜(ななや)もかかったとのことです。そこで弘法大師は、諸魔を足摺(あしずり)の方面に追い払われました。

　また、弘法大師は、金剛頂寺（旧名金剛定寺）を結界(けっかい)するにあたり、天狗(てんぐ)たちと問答して降(くだ)して勝地(しょうち)としました。天狗とはかつて修験とか神道の修験者でしたが、現実世界（物質世界）のとらわれを払いきれず、死してもその所で修行者が来ると試したり、悪戯(あくぎ)をする悪いほうの天狗のことです。

　この金剛頂寺には、四国で唯一と思われる弘法大師の金剛名(こんごうみょう)の利剣札(りけんふだ)があります。弘法大師が書かれた利剣名号(みょうごう)（南無阿弥陀仏）は、京都の知恩寺(おんじ)（百万遍）が有名であり、四国では仏海上人(ぶっかいしょうにん)がそれを模写(もしゃ)して庶民に利益(りやく)をもたらしています。

　今は弘法大師の金剛名(こんごうみょうかんじょう)（灌頂で得た法名）遍照遍金剛(へんじょうへんじょうこんごう)が、利剣(りけん)の形に描かれているのは、ここ金剛頂寺の独特な祈念札(きねんふだ)です。

　弘法大師の金剛名が利剣になっているのは、弘法大師が天狗を降(くだ)したということの縁起と関係あるとみるべきでしょう。この札を弘法大師の利剣宝号札(ほうごうふだ)といっておきます。

　また、金剛頂寺は旧名を金剛定寺(こんごうじょうじ)といい、昔は修行者の集まる所でもありました。しかし、寺自体はとりたててどこからも供料(くりょう)(施しもの)はなく、沖を通る船から食料をもらい受け、それによって一日一度の食事を摂(と)り、「金剛定寺の御乞食(おこつじき)」と称されていました。

　沖行く船にとっては、不動巌(ふどういわ)の波切不動(なみきりふどう)と金毘羅権現(こんぴらごんげん)及び行道坂の中程にある法満権現(ほうまんごんげん)(住吉明神(すみよしみょうじん))は航海安全の神仏として、現在も信仰されています。

不動巌で波切不動明王を感得

　弘法大師の当時、集(つど)いくる修行者の中で、智光(ちこう)(智弘)あるいは智證(ちしょう)とい

う者は、弘法大師の弟子になり、寺伝では弘法大師から遅れること1ヶ月、すなわち承和2年4月21日に入定しました。本堂の右奥に彼の墓碑があります。11月になると、天然記念物の奴草がそこかしこに顔を出します。

後世、智光上人は堅恵大徳と共に、定恵(禅定と智恵)の二徳を備える人と讃えられています。

弘法大師は、若き頃不動巌で波切不動明王を感得しました。巖の海辺側に窟があって、不動窟と呼ばれているところです。そこは、古来から弘法大師が感得した波切不動の大慈悲の力があるとされ、真言行者にとっては、全くありがたい修行地です。

その近くにお堂(新村)不動堂があり、かつては金剛頂寺は女人禁制でしたので、その堂は女人堂であり、そこにおいて女性には納経印を押していた経緯があります。現在のお堂には、弘法大師御自作と伝える柿不動が祀られています。

また、金剛頂寺から室戸岬に行くのには、昔は峰伝いでした。室戸岬の上の方(四十寺山)に出て、下って室戸岬に出るのです(金剛頂寺の話)。

弘法大師の当時の室戸岬の修行所

弘法大師の当時は、現在の地誌学によると、御厨人窟はよくみても渚の可能性が高いのです。現在の室戸岬は、弘法大師当時より約2.5mほど隆起していると見られています。

さらに黒汐の潮位を考え合わせ、その窟が修行者に使われていたとしても、干潮の折とでも考えざるを得ません。

そうすると、弘法大師の当時の室戸岬の修行所は、御厨人窟より若干高処に所在する一夜建立の岩屋の可能性もあります。

その岩屋は、海岸線から最御崎寺に登る遍路道にあり、当時も十分に修行できた窟でありました。その窟には、つい近年まで、白亜の大理石の如意輪観音像が祀られていました。

その如意輪観音像は、平安後期の作で、重文に指定されているほど美しい尊像です。また、鎌倉時代の文献には、現在、一夜建立の岩屋とされているところを、御厨人窟と指しているものもあり、時代によって、御厨人窟の

呼称が動いている可能性が高いのです。

求聞持修行の窟

　要するに弘法大師は、当時の修行者の道に倣って不動巖から山（岬）道をのぼり、又山道を辿って室戸岬の上に出、海に向かって降りて、その最も海に近い洞窟にて修行されました。

　いわゆる当時の行処の秘中の秘、奥中の奥の聖域にて、求聞持修行をされたのです。まさに若き弘法大師の尋常ならざる求道の熱誠が、岬の先端、その窟にまで足を運ばせました。

　また、不動巖の洞窟に出現する波切不動は、大師感得のときより人々のために慈悲の活動を示していますが、弘法大師に出現したのは大きな意味がありました。

　それは、入唐時の海上の暴風雨でした。諸仏からみたとき、出現せねばならぬ理由があったのです。弘法大師が入唐を果しその帰路においても海が荒れ、波切不動を勧請して、海難を乗りきったのは伝承で周知の如くです。

　しかし、それ以前に既に弘法大師は波切不動を感得し、いざ水難において勧請できる法を体得していたのです。

　こういったことは、修行者にあり得ることです。役行者が末世の衆生の本尊として、蔵王権現を感得したことも、諸仏の智行に依るものであり、常識的にも、科学的にも考えられないのが、修行の世界の出来事です。

　その常識では考えられないような御利益は、自らが足を運んで汗を流し、涙を流した結果現れるものです。

多くの人々が御利益をいただく

　四国88ヶ所を巡り、枚挙に違ないほどの多くの人々が御利益をいただいています。あるいは、求道の僧俗においても、より深い慈悲の心境を開いています。

　88ヶ所の札所はもちろん、古人が歩んだその道にこそ古人の純粋な、偉大ないのちが流れています。それ故遍路道は、聖なる道であり、「聖道に力あり」ということができます。大峰山の奥駈道も同様です。

2　四国88ヶ所の由来と遍路

① 88ヶ所の由来

88という数字の成立ち

　四国には信仰の道場、修行道場として88の札所があります。この88という数については、次のような諸説があります。

88という数字の諸説

	88という数字の成立ち
①	仏教でいう煩悩（八十八使）の数、すなわち煩悩の数だけ札所を巡拝してその悩み、苦しみ等を消滅する・・・。 　　この説は88ヶ所信仰の中心となる説であり、江戸時代（貞享—元禄年間）に四国遍路を庶民に勧めた真言僧、真念（元禄4年、1691頃没）の著作、『四国徧礼功徳記』にも力説されている。所謂、仏教者の通説といってよい。
②	巡拝行は厄除け信仰を主とするところから、男性の厄年42歳、女性の厄年33歳、子供の厄年13歳を総計すると88となる。もちろん、俗説である。
③	『観虚空蔵菩薩経』等には、「三十五仏」と「五十三仏」が別々に説かれ、それ等の仏名をお唱えし懺悔すると罪障が消滅すると説く。三十五と五十三を加えると八十八になる・・・。 　　これは、後代の仏教者の理屈づけであろう。
④	米の字を分けると八十八となる。すなわち、米なしでは生きてゆけないから、米の大恩を報ぜんが為に八十八の霊場を巡る。同時に四恩（父母・衆生・国王・三宝＜仏・法・僧＞）に感謝する功徳を積む・・・。 　　この説は俗説ではあるが、『八十八ヶ所　四国霊験記図会』（明治19年刊）では強調され、そこには米を護る稲荷明神も登場している。
⑤	日本言葉の嘉数（吉祥の数）八十にもう一つ、聖数八を加えた。所謂吉祥の最大数（宮崎忍勝氏説）。
⑥	熊野権現信仰は九十九王子（京都—熊野間）にて辺路を巡る。それ以前は八十八王子でした。九十九王子の名称が盛んになり、八十八は四国に転用された（近藤喜博氏説）・・・。 　　熊野権現社の主祭神としては、天照皇太神の弟、須佐之男命を指す。日本の国土を護り、人々に幸をもたらす国つ神の代表的存在です。熊野権現の信仰は極めて古く、かつ修験道としても大峰山七十五靡（修行所）の第一の靡は熊野本宮大社（主

	祭神・須佐之男命）である。 　現在の四国88ヶ所の寺の鎮守に熊野権現が多いのも熊野権現信仰が反映している。
⑦	インド八大国の釈尊の舎利塔の土を弘法大師が入唐の折、般若三蔵より譲り受け、その霊土を十倍にして八十とし、かつ元の八土を加えて八十八とした。そして四国にそれを敷いた（『善通寺之記』）・・・。 　『四国徧禮霊場記』（寂本著）には「四国88ヶ所を巡拝することは、あたかもインドの釈尊の八塔を礼拝することに等しいのです。それによって罪障が滅せられる」と述べている。 　また、大師は、入唐の折、般若三蔵から梵語等を習い、般若三蔵訳の経典及び梵文の経典を授かりました。そのときの三蔵の言葉に「日本には行くことはできなかったが、これらの経典によって日本と縁を結び、人々の救済とならん」と。そのように般若三蔵と大師は深い関係があったことは事実。
⑧	日本六十六部州（全国）、熊野九十九王子、西国三十三ヶ所観音霊場、そして残っている吉祥をもたらす畳数として88が最後に定まった。

　すなわち88ヶ所という名称は、一部の見解として、上記⑧にみえる巡拝地から最も遅れて成立したとみられています。

四国霊場は室町中期に成立

　また四国の霊場が88ヶ所としては、室町中期には成立していたとみられています。

　その証拠として、「村所88ヶ所文明三年（1471年）・・・妙政」と刻む鰐口が、高知県本川村に存在しています（高知県本川新郷土館蔵）。

　また、51番石手寺の『石手寺刻板』（永禄10年、1576）に88の名が見え、文献としては『説経刈萱』（寛永8年、1631）の中にみえています。

文明三年鰐口

この『説経刈萱』は、高野山上の刈萱道心と石堂丸の話ですが、その話の中に、弘法大師の母君があこう御前として登場し、その夫は藤新太夫と名づく漁師、その夫婦の間に生まれたのが金魚丸、それが後の弘法大師であるというのです。
　その金魚丸があまりにも夜泣きをするので、四国中を連れて迷い、その行ったところの数が88ヶ所であるとの筋書きです。
　そういったいわば戯言の伝承は、無智の聖達の仕業と思われるものの、世間で浄瑠璃などで曲、節を付けて喧伝されると、当時のラジオもテレビもない民衆は、多分に欺かれたことでしょう。
　かつまた、その物語をそのままに反映させて、弥谷寺、海岸寺奥の院あたりでは、あこう御前、藤新太夫として祀られた時期もありました。
　そういった偽りの弘法大師の伝承に対し、江戸時代の寂本（1631—1702）などは、真っ向から反論しています。もちろん、弘法大師誕生所の善通寺はその説を否定するのに尽力しました。

辺路修行と各霊山との結びつきで88を数える修行所となる

　四国の地が88ヶ所として成立するはるか昔からも、四国は遊行者、山林行者のこよなき道場でした。
　弘法大師が若い頃、四国の霊山を登り、あるいは海辺の洞窟に籠って修行したのも、四国自体が求道者の修行道場として綿々とその雰囲気を漂わせていたからです。
　四国の海辺を巡ることは、俗世間を離れた辺路信仰の道筋であり、かつまた観音浄土を海の奥に仰ぐ補陀洛信仰も兼ねていました。
　奈良朝の役小角（『木の葉衣』の読み）が石鎚山に蔵王権現を勧請して（7世紀後半〜8世紀初頭）その信仰を高め、その他四国には幽邃な深山がいくつもあることが、修験道の修行地ともなり、海辺をいく辺路信仰と各霊山との結びつきによって、いつしか88を数える修行所となるに至りました。
　この場合、辺路信仰と修験等の信仰が全く別な形で存在していたわけではありません。四国の海浜には大岩・洞窟等があり、信仰が重なり合っています。

四国を遍路した人々

　四国を遍路した人々には、真済(800－860)、真如法親王(？－864)のような弘法大師の直接の弟子をはじめとして、空也(903－972)、重源(1121－1205)、西行(1115－1190)、一遍(1239－1289)、澄禅(1613－1680)、空性法親王(1573－1650)、大淀三千風(1639－1707)、松浦武四郎(1818－1888)、芸州忠左衛門(？－1862)、山本玄峰(1866－1961)、和田性海(1879－1962)、高群逸枝(1894－1964)などがみえます。

　もちろん、実際には、数えきれないほど多くの僧俗が歩いています。

大淀三千風の四国遍路

　大淀三千風の場合、貞享2年(1685)に四国遍路を120日間かけて遂行しました。彼は、その内容を『日本行脚文集巻之五　四国邊路海道記』に記載しています。

　彼は俳諧師ですが、遍路の覚悟たるや、極めて真剣でした。その自戒自慎の条項は、次のとおりです。

一、不惜身命の思いを定める。
一、色欲、身欲、名聞欲を離れる。
一、五戒(不殺生、不偸盗、不邪淫、不妄語、不飲酒)をよく守る。
一、山賊、追剥等に逢った時は、裸になって物品を渡す。もし殺すと言われたときは、首を差し出して待つこと。相手を殺してはならない。
一、衣食居は天にまかすこと。
一、船賃、木賃(宿代)、お茶代は少しもねぎらないこと。
一、旅の途中にいる乞食・非人に慈悲の思いをなす。病人には薬を与えること。
一、文章は相手が望まなければ、書かないこと。
一、たとえ一足といえども、馬、駕にのらないこと。

　この9ヶ条は、仏と神に誓って、自心の戒と定めるものである。もし自分がその戒を破ったときは、すぐに故郷に立ち帰るべし(以上、略記)。

② 胎蔵曼荼羅を巡る修行

胎蔵曼荼羅

　88ヶ所を巡ることは、胎蔵曼荼羅を巡る修行であるという思想が、江戸時代に生じました（「四国徧禮絵図」宝暦13年）。すなわち、胎蔵曼荼羅とは慈悲の諸仏の世界であり、修行者の心境を慈悲そのものに近づけるための修行が、四国遍路ということになります。

　「仏の心とは大慈悲そのものである」というお経の言葉もあり、心が慈悲そのものになりきると、仏さまと等しくなるのです。

　慈とは、いつくしみすなわち博愛心であり、悲とは、苦しんでいる生きとし生けるものと同じ立場に立って、それを救済せんとする心です。慈悲心はまさに菩薩の心であり、弘法大師の心でもあります。

　この胎蔵曼荼羅上の修行は、経典では東方から始めることに定めています。したがって、四国の東方とは阿波ですから、阿波から、1番、2番と札所を巡るのです。これを東因発心というのです。すなわち、次の図のように①②③④と巡拝します。

胎蔵曼荼羅

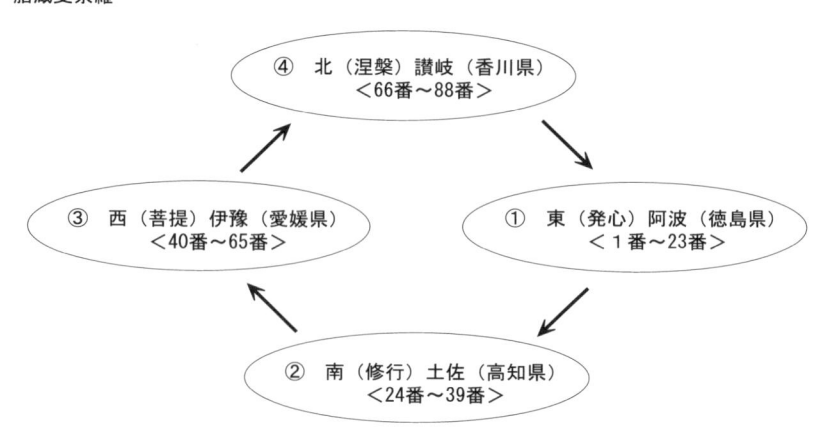

```
           ④ 北（涅槃）讃岐（香川県）
                ＜66番〜88番＞
           ↗                    ↘
③ 西（菩提）伊豫（愛媛県）     ① 東（発心）阿波（徳島県）
    ＜40番〜65番＞                ＜1番〜23番＞
           ↑                    ↙
           ② 南（修行）土佐（高知県）
                ＜24番〜39番＞
```

88の札所すべてを打つことが肝心

　しかしながら、88ヶ所の巡拝は、「1番札所から巡拝しなくてはならな

い」というきまりはありません。どこから打ち始めてもよいのです。逆に巡ることになってもよいのです。また、お大師さまの霊跡ということで、善通寺からでもよいのです。要は、88の札所をすべて打つことが肝心です。

前図のごとく、右回りに巡拝するのを順打ち、左回りに巡拝するのを逆打ちといいます。

逆打ちは、順打ちよりも少し難しいです。道標も見づらいこともあり、風景も順打ちと様相を一変します。

しかし、最近は、カーナビで次の札所を目指す人も多いので、車の人は順逆についてそれほど苦しむことはないでしょう。

ちなみに、逆打ちは、閏年にすると功徳が倍増するといいます。それは右衛門三郎が、お大師さまに会いたい一心で21度目の閏年に逆打ちしたところ、やっと会えるに至ったという話に由来します。

その故事に因んで、閏年の逆打ちは現在も行われています。また、道中において、お大師さまに会うということは、古来から遍路修行者の主たる目的の1つでもありました。

江戸時代の雲識の逸話

江戸時代、真念の『四国徧礼功徳記』の中に、以下のような話が記載されています。

備後の国安名郡曽禰村に所在する宝泉寺の弟子に雲識という僧がいた。年齢が18歳になったものの、心が漫然とした状態で定まらなかった。

しかし、彼は、弘法大師を深く信じていた。ある夜の夢に一人の僧が来て「汝は四国を遍路しなさい。その中、讃岐の白峰寺の児ヶ岳に臨めば、本心が立ち帰るであろう」と告げた。

雲識は、夢のとおりに延宝9年（1681）の夏、丸亀から81番白峰寺に至り、出会った高松の商人とともに児ヶ岳に着いた。

雲識は、商人に「私はこの山から捨身（身を捨てて仏に供養すること）致しますから、この路銀の残りを麓の寺に届けて、私の亡き後の廻向をお願いします」と告げ、崖から身を投げたところ、岩にひっかかって助かった。それからというものは、雲識の心は正しく定まった。

② 胎蔵曼荼羅を巡る修行

③ 遍路の意義と目的

遍路の意義

　四国の海辺の道あるいは岬を巡る道は、か細く、寂しい雰囲気が漂うところと思われがちではありますが、反面世俗を離れて清浄な大気と山と海の青さに浸りつつ拝みゆけば、まず第一に健康になり、心の洗濯にもなり、加えてその真剣な修行者の心に打たれて、諸仏神々が神変力（奇跡の力）を示して下さることは、極めてありがたいことです。

　この神仏の加持力によって難病が治り、大願が成就する例は、昔から現在に至るまで枚挙に遑がありません。

　近年の難病平癒の話の1つに、高知県27番 神峯寺でご利益を授かった水谷繁治夫妻がいます。水谷氏は難病の妻しづを背負って、土佐の難所といわれる神峯寺に登り、その帰り道、下に滑り落ちました。その瞬間よりしづは立つことができ、病は快方に向かったということです。

　昭和55年、神峯寺の参道にその奇跡に対し霊験の碑が建てられました。医者に見捨てられた人がこのように治るのは、四国遍路のありがたい功徳です。

　なぜこのように不可思議なことが数多く起こるのか、といえば、その答えは「聖道に力あり」と断言することができます。

　すなわち、古人が真理を求めて巡拝した道（現在はお大師さまの道とされている）そのものに、古人のエネルギーが溢れています。

　それは、清く明るく、しかも神力に満ちており、いかなる人の願意をも適えるものです。人はそれに気づいても気づかなくとも、その偉大な力は道々に、札所札所に溢れているのです。

　思うに、四国の聖道は、当初は辺路といい、俗塵を断って多くの求道者が歩き通した道であります。ここを拝み歩くことを辺路修行といい、その辺路修行が後に辺路修行と呼ばれました。

　室町時代に入って四国路で大師信仰が盛んになると、お大師さまの聖跡を巡る修行となり、その道は88の札所で結ばれるに至ったのです。

元禄2年（1689）、真念の依頼によって『四国徧禮霊場記』を著した寂本は、辺路の字は使わずに「徧禮」と表記しています。「大師の聖跡を徧く禮する」の意に理解できます。
　徧禮は、寂本の造字と考えられます。それより以前、承応2年（1653）に四国を巡錫した高僧澄禅は、遍路の字を使用しています（因み遍の字は日本でできた文字と思われます）。現在は、遍路の字が一般的に使われています。この遍路の字も江戸時代に見えています。
　ともあれ、四国遍路によって、出世間の願い（悟道、人々の救済等）であれ、現世利益（家内安全、病気平癒、諸願成就等）であれ、人それぞれによってその願いは相違するものの、どうしても当人にとっては必要不可欠の願意ならば、それ相応の利益は得られるものです。真剣に参拝するその心が、必ず諸仏に感応します。

遍路の目的

　遍路する人々の思いは、皆まちまちです。かつての廻国行者（日本六十六部州を廻る行者、六部行者ともいいます）は、納札に「天下泰平　日月清明」「五穀豊饒、萬民快楽」等々の言葉を書き、私的な願いは見られません。まさに無私の修行であり、各札所での読経は、無私なるが故に諸仏の御法楽も倍増したことでしょう。
　それはそれとして、個人的な願いと言えば、第一に難病平癒があげられます。神仏は、その個人の切なる願いを、大悲によって受けとめられます。その他、私的な願意は極めて多いものの、あれこれとお願い信仰ばかり続けることは控えるべきです。
　また、遍路修行の目的として、「大師に遇う」という大願を持つ人もいますが、一般的には自身の罪障消滅、先祖供養があげられます。自身の生命は、悠かな過去から数えきれぬほど輪廻転生しており、現世の自身に至るまでに、自身の知らざる罪悪が積み重なっています。
　得てして人は、それに気がつくことはありません。人間である以上、神仏でない以上、罪障は心のどこかに潜んでいます。それ故、弘法大師、覚鑁上人のような聖人すらも、涙して懺悔行をしているのです。いかにいわん

や、我々凡夫においておやです。

第1番 霊山寺(りょうぜんじ)の詠歌に「霊山の釈迦のみ前に廻り来て、よろずの罪も消え失せにけり」とありますが、遍路の目的として罪障消滅をはかることを示しています。

大樹に実る菓(このみ)は、その根の状態によります。根に肥やしをやり、根がよく張ると、その上の枝葉も茂り、木の実も多く実ります。

自身の生命は、自身のみで存在してはいません。単独の存在はあり得ないのです。連綿(れんめん)と命の波は続いており、それはいくら距離をおいても、断ちきることはできない存在なのです。

信仰は、自身の罪障を払い、自心を清浄にし、根元の先祖に肥やしを与え、その家の生命の力を増長します。よって、罪障消滅、先祖供養は信仰の原点であると同時に、遍路修行においても極めて中心をなしています。

また、それらの願意を達成するために、礼拝読経のみならず、他に対し功徳を積むことを忘れてはなりません。

1例をあげれば、寺の瓦(かわら)を1枚寄進することもそうです。功徳行とは、難しいもので、その機会を逃してはなりません。

特に寺社から何かの布施の依頼があったときなど、お大師さまのために、神さまのために、と思って布施すれば、その浄心は必ず神仏に届いて功徳積集(しゃくじゅう)となります。

それは、人間としても同じことです。布施とは、まず人間が仏(神)に近づくために、どうしてもなし続けねければいけない基本的な行為です。

また、布施とは、物品ばかりとは限りません。優しい言葉の1つが、当人にとって大いなる励ましとなることも、度々あります。それによって救われたという事実は、世にたくさんあります。

四国では「大師に布を施した女性の話」が残っています。

> 土佐の高岡郡にいた仁井田(にいだ)の庄、窪川(くぼかわ)村に貞享年間、弥助の妻が布を織っていると、遍路の僧がやってきた。施すものがなかったので、妻は「手拭いなど必要でしょうから、これをさしあげます」と言って織りかけの布を切って施した。それからは、その織りかけの布は、いくら切っても尽きることはなかった。およそ、彼(か)の僧は、お大師さまであったろう。

④ 遍路（巡礼）の起源・修験道との関係

納経帳の起源

　本邦において、その昔、廻国行者は、六十六部州の寺社（一の宮、有名寺院等）を徒歩で廻りました。その風習は、現在は廃れていますが、交通網の発達する大正期頃まではよく行じられていました。彼ら廻国行者（六部行者）は、笈を背負い、必ず寺社で写経を納め、その証しとして朱印（宝印）を貰ったのです。すなわち、納経帳の起源です。

　廻国が終わって村に帰ると、村の英雄的存在となりました。すなわち、各地において行者が見聞きしたことを聞くために、村人は耳を傾けました。他国に出て行かれない人々にとって、廻国行者の語りは、実に真新しいニュースでありました。そこで、彼ら村人達を信頼させたものとは、かの納経帳でした。

　そこに廻国の証拠の印があり、それは行者にとって箔の付く宝でした。

　廻国行者の中には、ずるい人間がいて、自分は日本全国を巡らずに、他の行者の納経帳を盗む者もいました。そういった被害は、一緒に泊まり込み、気の許した隙に行われたということです。

　おそらくそういった類の人は、因果の理法（善因善果、悪因悪果）もわきまえることのできない無知の族でした。

　ともあれ廻国行者及び山林行者達は、四国を修行地として巡りました。後に四国が弘法大師の修行の聖地として崇められ、大師の聖跡を尋ねる遍路となりました。

聖跡を尋ねる遍路（巡礼）の始まり

　ところで、こういった聖跡を尋ねる遍路（巡礼）は、内容は相違しますが、紀元前のインドに始まります。

　インドでは、ダルマ・ヤートラ（聖地巡礼）といって、はるか古代から現在に至るまで、聖地を巡拝することが続いています。釈尊の場合、その聖地の代表として八大仏跡があげられます。

八大仏跡とは、釈尊生誕の地・ルンビニー、降魔成道（お悟り）の地・ブッダガヤ、初転法輪（はじめてのご説法）の地・サールナート、涅槃の地・クシーナガラの四大聖地に、紀元前三世紀のアショーカ王は、竹林精舎・霊鷲山のあるラージャグリハ（王舎城）、猿王が釈尊に蜜を奉ったヴァイシャーリー、祇園精舎があるシュラーヴァスティー、釈尊が三十三天より降りてこられた地・サンカーシャの四地を加えました。

ブッダガヤ正覚処前

　その聖地の巡礼は、徒歩によって行うのが、何よりも仏に対する最大の供養であり、神聖な清浄行とみなされました。

　その巡礼の途中では、食物を布施されたり、無料宿泊所もありました。

　そのようなわけで、聖処を巡拝する行為は、既にインドに存在し、四国の遍路も仏教の修行の観点からみて、その流れにあるとみてよいでしょう。

四国遍路もインド仏跡巡礼の流れ

　88ヶ所の第1番札所は、竺和山霊山寺です。その名が示す山号の竺和山とは、天竺（インド）と大和（日本）を加えた名称であり、寺号の霊山とは、霊鷲山のことです。霊鷲山は、ラージャグリハ（王舎城）の一角に存在し、釈尊が『法華経』『大般若経』等の多くの聖典を説いたことで名高いところです。

　現在でも世界の仏教徒が日々大勢参拝に訪れています。その霊山の名を寺号に持てば、本尊は当然釈迦如来です。

　胎蔵曼荼羅（四国）の東から始まる第1番の札所として、まさにインドの仏跡巡拝になぞらえた感覚も含んでいます。

修験道との関係

　弘法大師の若き頃は、山林の一優婆塞（在家のままの修行者）として苦修練行しました。その修行の倣いは、当然、修験の傾向を多く含んでいました。

修験は、仏も神も祈り、太古から聖域とされる峰、海辺、島を巡り、あるいは洞窟に籠ります。特に四国は、地勢的に見て、験力を得るような場所があちこちに所在します。
　例えば、石鎚山は、蔵王権現の霊山として、現在に至るまで老若男女が参拝しています。明治以前は64番前神寺が取り仕切っていました。前神寺では、石鈇山と書きます。
　現在、7月1日から7月10日までのお山開きに、石鎚山上の奥前神寺では三体の蔵王権現が出されて、参拝者を加持しています。

三体蔵王権現と役行者

　昔から三体蔵王権現といい、三体には意味があります。蔵王権現を感得したのは、役行者であり、そこは大峰山の山上ヶ岳の湧出岩とされています。
　役行者が末世の業悪の衆生を救わんと観念を凝らしたところ、地蔵菩薩が出現しました。しかし、地蔵はやさしすぎて末世の衆生は救われぬと思い立ち去ってもらいました。そして以下の如くの順序で仏が出現します。

(1)　釈迦牟尼仏	(過去仏)
(2)　千手（せんじゅ）観音	(現在仏)
(3)　弥勒（みろく）菩薩	(当来（とうらい）＜未来＞仏)

　役行者は、三体の仏とも修験の本尊としては気に入らなかったのです。罪深い衆生を抜済するのには、今一つ迫力に乏しかったからです。と思ったところ、釈迦・千手・弥勒が合体し、世にも恐ろしい忿怒像、蔵王権現が出現しました。役行者は、大いに満足し、大峰山はむろんのこと、足を石鎚山に伸ばして蔵王権現を勧請したということです。よって以来、石鎚山は、弟子の芳元も来たって修行の山として現在に至っています。時代が下って江戸期、澄禅の『遍路日記』には、あちこちの札所に修験者が住んでいたことが記されています。（三体の権現は、本地仏が釈迦、千手、弥勒となります）。

修験道の影響

　修験道とは、役行者が優婆塞であったように、出家者の専用の修行ではな

④　遍路（巡礼）の起源・修験道との関係

く、あくまでも在家の立場で修行が可能なところから、妻帯（さいたい）することもできます。僧侶は、明治初頭まで正式に結婚はできなかったのです（浄土真宗は別）。要は、出家とか在家といった立場にとらわれず、発心（ほっしん）堅固（けんご）に求道（ぐどう）することが何よりも肝心です。

12 焼山寺奥の院

また、修験道では、熊野権現を祈ります。前述したように、札所の鎮守には、熊野権現が結構多いのです。例えば、石手寺、明石寺、金剛福寺、鶴林寺、地蔵寺等。また役行者を開基とする札所は、4ヶ寺存在し、その札所もしくは奥の院と称されるところに蔵王権現を祀（まつ）るところもあります。

例えば、焼山寺（しょうさんじ）奥の院、八栗（やくりざん）山々頂、横峰寺（よこみねじ）、弥谷寺（いやたにじ）、前神寺（まえがみじ）、13番大日寺奥の院（建治寺（こんじ））などで、修験道の影響を色濃く反映しています。

それは、日本古来から綿々と継承されている宗教形態であり、道を求める日本人にとっては極めてありがたいといわねばなりません。修験道なくして四国遍路も語れないといってもよいのです。

弘法大師の伝承は、四国ばかりでなく、全国津々浦々に存在します。しかし、大師の経歴からみますと、四国、大峰、高野山の周辺は、まず確実に大師が修行したところです。

後代の修行者も、大師の足跡を求めて、そういった霊蹟、霊山を歩んでいます。例えば、東大寺再建で名を馳せた重源（ちょうげん）上人（1121－1205）は、その著作『南無阿弥陀仏作善集（さぜんしゅう）』に、

　　生年十七歳の時、四国の邊（辺路）（へち）を修行す…。
　　生年十九において、初めて大峰を修行す。
　　已上五ヶ度、その中三度は深山（じんぜん）にして、
　　御紙衣（ごこうぞ）（かみこ、紙で作った衣）を取って料紙を調え、
　　如法経（法華経）を書写し奉る。

とあって、上人も若き頃、四国・大峰を修行しています。

3　88ヶ所の御開創と遍路の元祖

① 弘法大師の88ヶ所御開創

お大師さま42歳のとき88ヶ所を開かれた

　通説として、88ヶ所を開いたのは弘法大師とされ、それは弘仁6年、すなわち大師42歳（厄年）のときであるといわれています。それについて以下考えてみましょう。

　真言宗の末徒は、古くから弘法大師の聖跡（せいせき）を求めて四国に渡りました。善通寺（ぜんつうじ）は、大師の誕生寺（たんじょうじ）、しかも大師の著作『三教指帰（さんごうしいき）』序（じょ）には、太龍寺（たいりゅうじ）、石鎚山（いしづちざん）、室戸（むろと）、大峰山（おおみねざん）等その修行地が出ているところから、四国の霊山、霊窟（れいくつ）において修行する者が多くいました。

　室町時代になって、大師信仰の隆盛とともに、四国の寺社（じしゃ）（当初は札所に神社もありました）は88の札所に結びつき、まさに大師の修行地として、一般民衆も辺路（へんろ）していく雰囲気になりました。すなわち、僧俗ともに四国を巡る信仰が盛んになり始めました。

　江戸時代に入り、真念（しんねん）、寂本（じゃくほん）等により、極めて詳細な案内書が発刊され、更に辺路の数は女性を含めて多くなります。

　四国の道はすべてお大師さまの修行した道であり、88の寺社はすべて弘法大師と関係のある寺社であるという信心でした。そうなると信心の立場からみると、88ヶ所を開いたのは、弘法大師にほかならず、その他の人は考えられないのです。

お大師さまはどのように88ヶ所を開かれたのか

　そこで、お大師さまがどのように88ヶ所を開かれたのかということについて、信仰上の理由づけが起こってきました。

　その単純な例としては、前述したようにインドの八大国の舎利塔（しゃりとう）の霊土（れいど）を般若三蔵（はんにゃさんぞう）より貰い（もら）受け、それを十倍にし、もとの八土を加えて八十八とし、それを四国に敷いた、というものです。極めて権威ある内容ですが、その証拠は1つもないのです。もっとも、証拠がないからといってその内容が偽（いつわり）という証明にはなりませんが・・・。

次に、そのときの弘法大師の御年齢は、42歳（弘仁6年、815）であり、実はこの42歳説が四国の寺の縁起に極めて多いのです。

　例えば、第1番 霊山寺(りょうぜんじ)の縁起には、次のようにあります。

　　弘仁6年、弘法大師が四国の東北から右廻りに巡教(じゅんきょう)された際、この地で衆生の八十八の煩悩を浄化し、また衆生と自らの厄難(やくなん)を攘(はら)って、心身(しんじん)の救済ができる霊場を開こうと三七日間(さんしちにち)（21日間）の修法をされた・・・。

大師42歳寿像（仙龍寺）

これに対して、結願所(けちがんしょ)88番大窪寺(おおくぼじ)の縁起では、次のとおりです。

　　弘仁7年（816）弘法大師は奥之院付近にある岩窟で虚空蔵求聞持法(こくうぞうぐもんじほう)を修法し、谷間の窪地(くぼち)に堂宇を建てて等身大の薬師如来坐像を彫造(ちょうぞう)、本尊として安置した・・・。

　単に1番札所と88番札所の縁起をあげただけですが、第1番では大師は42歳、しかし88番では、弘仁7年になっており、宝亀4年生誕説（42歳）を採っています。一般的に大師は宝亀5年（774）生誕とされています。

お大師さまの寿像との関係

　ところで、この弘法大師42歳、すなわち弘仁6年の御四国開創説は、大師の寿像(じゅぞう)に関係してきます。寿像とは、その人に似せて生前に彫ったり、描いたりした像のことです。

　江戸時代、このお大師さまの寿像で有名だったのは、65番三角寺(さんかくじ)の奥之院、仙龍寺(せんりゅうじ)です。

　真念(しんねん)の『四国邊路道指南(みちしるべ)』（貞享4年、1678）の記述は、次のとおりです。

　　三角寺より奥院(おくのいん)（仙龍寺）まで五十八丁坂道・・・。奥院本尊大師御影(みえい)御自作

　また『四国遍路名所図会(へんろめいしょずえ)』（寛政12年、1800）は、次のとおりです。

　　金光山仙竜寺(せんりゅうじ)・・・本堂本尊　弘法大師

① 弘法大師の88ヶ所御開創

毎夜五ツ時に開帳(かいちょう)があります。ここは大師御修行の霊地です。本尊は御自作の大師像です。大師が42歳のとき、一刀三礼(いっとうさんらい)にてお作り給うた尊像です。一度(ひとたび)この寺に参詣した者は、五逆十悪(ごぎゃくじゅうあく)（極めて重い罪）を除く、との大師の御誓願(ごせいがん)があります。一晩中、その大師像を拝んで夜を明かしました。

　同じような記述が『四国遍路道中雑誌』（天保7年、1836）にも見え、仙龍寺の大師御自作の寿像は有名でした。

　42歳といえば男の厄年(やくどし)であり、一般の人々は厄除(やくよけ)けのために巡拝するのですが、お大師さまの場合、世間の厄年にあわせて寿像をつくり、祈る者の厄を除く誓願をこめています。この弘法大師作、42歳の寿像信仰は仙龍寺だけに留まらなかったのです。

　①78番郷照寺(ごうしょうじ)の大師堂、②52番と53番の中札所、遍照院(へんじょういん)、③81番の前札所(まえふだしょ)、松浦寺(まつうらじ)、④18番恩山寺(おんやまじ)の大師堂などがあります。また、23番薬王寺(やくおうじ)の薬師如来は弘仁6年、弘法大師42歳のとき彫(ほ)られたものとされ、厄除けで有名です。

　この弘法大師42歳寿像は、高野山ともつながりがあります。『高野山通念集(つうねんしゅう)』（寛文12年、1672）には、高野山々内に極楽堂があり、そこに弘法大師42歳の寿像があると記され、また高野山奥の院の護摩堂(ごまどう)には、現在でも

　　四十二歳厄除
　　弘法大師
　　御自作寿像

高野山奥の院護摩堂　弘法大師42歳寿像

と書かれています。

厄除の寿像は大師信仰の中で生まれる

　すなわち、この厄除の寿像は高野山と四国において、大師信仰の中で生じ

たものであり、四国の室戸路に摂待庵を建立したかの木食・仏海如心上人（1710－1769）になると、熱烈な大師信仰によって、自らも42歳のときに寿像をつくり、後には土中入定するに至っています。

　以上によって四国88ヶ所の開創が弘法大師42歳、弘仁6年の説は、大師42歳の寿像信仰が流布した結果とみたいのです。一般民衆が厄除け、難病平癒を求めて遍路するにあたり、弘法大師自らが厄除けとしてその御姿があれば、その信心はさらに高まるものです。

　それにしても23番薬王寺の本尊、厄除薬師如来は古来から有名であり、遍路の主な御利益として厄除けがあげられることと、大いに関係しています。それが民衆の切なる願いであるからです。

　なお、一説に四国88ヶ所の開創者として、弘法大師の弟子の真済（800～860）及び真如法親王（～865）があげられています。

　真済については、『四国徧礼功徳記』の中に、次のようにみえています。

　　遍礼の所を八十八ヶ所と定めたことについては、いつの時とも、誰かともはっきりしていない。

　　一説には弘法大師の御弟子、高雄山におられた柿本の紀の僧正、真済が、大師の御入定の後に大師を慕って、その御遺蹟を遍礼したことから始まって、世の人々がそれにあい従った。それより遍礼が続いているという。

　この記述は、真済が大師の側にあり、大師の著『性霊集』をまとめたりしていたことから、そのように言い伝えられたとも推測できます。また、真済の場合、やはり大師の足跡を慕って大峰山に入り、玉置神社の近くの「水呑みの宿」で金剛慈悲童子を感得しています。

　真如法親王は、高野山御影堂の弘法大師像を描いたことで有名です。貞観4年（862）に入唐して印度に向かいましたが、途中で消息が不明となりました。

　35番清滝寺には、法親王の逆修塔（生前に建立した塔）が存在しますが、入山禁止となっています。所謂、唐・天竺の遊学に際し、死の決心をして、自分の墓を建てたと伝えています。

② 遍路の元祖・右衛門三郎(えもんさぶろう)

四国遍路の元祖とされる右衛門三郎

　右衛門三郎が遍路の元祖と称されるについて、まず12番 焼山寺(しょうさんじ)の中腹、杖杉庵(じょうしんあん)にある墓の戒名(かいみょう)を見てみましょう。

　　光明院四行八蓮大居士(こうみょういんしぎょうはちれんだいこじ)

　上の院号(いんごう)と、下に大居士(だいこじ)があるので極めて位の高い戒名です。その中の四行八蓮については、深い意味があります。すなわち四行とは、胎蔵曼荼羅を巡る行、発心(ほっしん)・修行(しゅぎょう)・菩提(ぼだい)・涅槃(ねはん)を指しており、八蓮(はちれん)とは四国霊場が胎蔵曼荼羅の八葉蓮台(はちようれんだい)を示しています。また、この墓の左側に石碑が立っています。

　　四国遍路元祖・右衛門三郎之碑

とあり、明治37年甲辰7月の建立年月が刻まれています。この頃には三郎は四国遍路の元祖とされていたことと同時に、四国は胎蔵曼荼羅の四行（発心・修行・菩提・涅槃）を修行することが明確になっています。

四国遍路元祖・右衛門三郎之碑

　また、この大きな戒名をつけたのは、愛媛県の文殊院（右衛門三郎の旧邸に建てられた寺）の資料（『遍路開祖衛門三郎四行記』）によると、享保年間（1716－1735）に仁和寺(にんなじ)の門跡(もんぜき)の下賜(かし)と伝えています。

右衛門三郎の伝説

　右衛門三郎の伝説は、既に室町末期、永禄10年（1567）の石手寺刻板(いしてじこくばん)に見えています。またその伝説は、石手寺の寺名に大いに関係しています。以下はその伝承を澄禅の『四国遍路日記(ちょうぜん)』から記載したものです。

　　石手寺

　　札所の本尊は薬師、本社は熊野三所権現、二十余間の長床(ながとこ)があります。

続いて本堂があります。・・・昔は熊野山安養寺虚空蔵院といいました。しかし、それを中古より石手寺と号する由来は、以下の如くです。

昔、この国の守護は河野殿といい、堂々たる強き武将（弓取り）であり、四国の幡頭(はたがしら)でした。石手寺の近くの湯泉郡(ゆごおり)に居城を構え、猛威を振るい、天正年間まで五十余代続いているといいます。

さて、右の八坂寺が興隆のみぎり、河野殿から特に思われて、右衛門三郎という者を、掃除のために置かれました。彼は毎日、本社の長床(ながとこ)にいて塵を払っていました。ただ、この男は天下無双の悪人にて、慳貪(けんどん)（むさぼり、惜しむ性格）、放逸(ほういつ)の者でありました。

そこで弘法大師は、この三郎を方便をもって教え導き、真の仏道に入らしめんと思われ、あるとき、辺路乞食(へんろこつじきたくはつ)（托鉢）の僧に変化(へんげ)して、本社の長床におられました。

そこに例の三郎がやってきて大師を見、「お前はいったい何者だ。見苦しい姿だ」といって早々に追い出しました。翌日もまた昨日いたところにいましたので、三郎はさんざん悪口をいって、大師を追い出しました。

杖杉庵　右衛門三郎、大師に会う

三日目も大師はいました。すると三郎は、今度は箒(ほうき)の柄で打ちにかかったのです。そのとき大師は持たれている鉄鉢をさし出していたので、柄が当たってその鉢を八つに打ち破りました。そのとき鉢は光を放ち、八方に飛び去ったのです。右衛門三郎は少し驚きつつ、家に帰ったところ、長男の子がものに憑(つ)かれたように「吾(わ)れは空海である。汝はまことに邪見、放逸であり、吾れを見下すこと、無礼の至りである。汝の生家の八人の子どもは、一日のうちに顔色を変えて死ぬところ、哀れなれば、八日間たって死ぬであろう」と言い、その子は手足を縮めて息が絶えたのです。その後、次第に残った子どもは八日のうちに死んでしまいました。

その子のなきがらは、八坂の近くに八つの墓があります。今に八墓(やつはか)といいます。

② 遍路の元祖・右衛門三郎

三郎は懺悔して髪を剃り、四国中を巡行して子どもの菩提を弔った(とむら)のです。辺路を21度修行するうち、お大師さまもさまざまに形をかえて、同行同修されて三郎の心を考えられました。実に二十余年と80日の修行に及んだため、三郎の邪見の心は失われ、慈悲心の深く重い僧となっていました。

あるとき、阿波の国焼山寺の札を納めて麓(ふもと)にくだり、谷の辻堂に休んでいました。同時にお大師さまも僧形にてそこに休んでおられました。お大師さまが言われました。「汝は老体にて何の目的でこのように修行するのか」三郎はそれを聞いて、いきさつを詳しく語りました。お大師さまはそれを聞いて告げました。「汝、あのときの私を知っていないのか。吾れは空海である。汝の心をよく見んと、この年月ずっと付いて四国を巡行した。今は汝の心もよろしく定まっている。この上は、どのような望みでもかなえよう」と。

三郎はうけたまわり、次のように述べました。「私は河野一族の下人でありますところから、一度でよいから主君の子どもに生まれたく存じます」。お大師さまはそれを聞こしめされ、「いともたやすいことである。ならばこの石を握って往生するがよい」と言い、八分方形の石に『八坂ノ右衛門三郎』と書きつけました。それを受け取って三郎はそのまま死んだのです。大師は三郎の亡骸(なきがら)を辻堂の後ろの土中に埋め、印(しるし)に杉を二本植えられました。

今、焼山寺の麓に三郎の墓があります。その後大師は、河野殿の城に往き、どこの誰ともわからぬ僧に変化し、「現在夫人の腹の中に世継ぎの子がいる。その印は右衛門三郎という銘があるであろう」と告げられました。予期どおり、その月より懐妊があって男子が生まれました。三日目に左の手を開くに小石があ

右衛門三郎玉の石（石手寺）

りました。取り上げて見ると『八坂ノ右衛門三郎』とありました。

親父・河野殿は、奇妙に覚えて、祈願所の安養寺に堂を建て、本尊の御首にこの石を籠め、安養寺を改めて石手寺と号したのです。

21度の辺路（遍路）

上の記述の中で、右衛門三郎が弘法大師に会うまで、その辺路は21度に及んでます。21という数は、仏教（真言密教）では極めてありがたい数、吉祥数です。それは3×7であって、7という吉祥数を3倍した数であり、密教の経典中に、「二十一反真言を誦えよ」としきりにみえている数です。

すなわち、この右衛門三郎の遍路21度が、後々、遍路の成満数（じょうまんすう）となるのです。遍路は、何度巡ってもよいものですが、現在と違って江戸時代の頃は21度の巡拝といえば、その時間と労力と費用において大変な修行でした。

その21度を遂行（すいこう）した者は、堂々と1つの大行を修したこととして、世間から瞠目（どうもく）されました。また、右衛門三郎がそうであったように、21度は弘法大師と会える数でした。

文化年間（1804－1817）に発刊された菱垣元道（寂範）（ひしがきげんどうじゃくはん）著の『弘法大師奇妙記（きみょうき）』には、元道の自らの遍路姿を出しており、その笠（かさ）及び笈（おい）には「廿一度行者」と記しています。元道は別の著書で「右衛門三郎に倣（なら）い、二十一反廻（めぐ）り・・・」

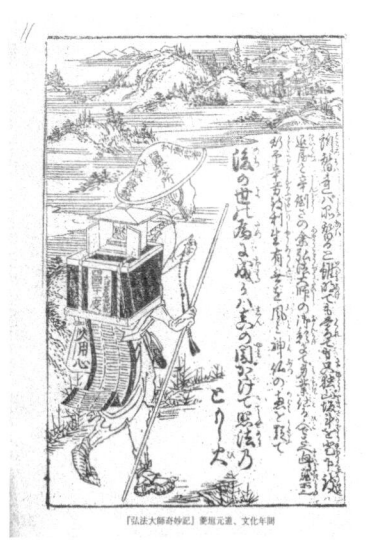

21度行者・元道

と述べていますから、右衛門三郎の伝承が大きく影響していたことは事実です。また、四国各地に残っている石塔などに21度の遍路数が刻まれているのも、遍路の一応の成満数（じょうまんすう）とみなすことが可能です。

21度で満足できない人もいた

ところが、21度だけでは満足できない人々もいました。その代表的な存

在として、次の2人があります。

　　高林玄秀（たかばやしげんしゅう）・・・36度石碑（延宝8年、1680）、39番延光寺境内。
　　芸州忠左衛門（げいしゅうちゅうざえもん）・・・136度（文久2年、1862没）、香川県長尾町大石の小堂。

　さらに年代が下り、明治28年（1895）に21番札所太龍寺（たいりゅうじ）の山腹、龍の窟（いわや）から印刷された「四国辺路多数度巡拝者番付（しこくへんろたすうどじゅんぱいしゃばんづけ）」では、金札（きんふだ）をもって巡拝する人名を次表のとおりとされています。

199度	信州戸隠中村	行者光春
162度	備後国芦田郡	五弓吉五郎
137度	山口県大島郡	中司茂兵衛
114度	備中国中田村	小野又蔵
100度以上	丹後国宮津	大谷勇助
同	石見国跡市	熊谷倍常
同	石見国	沢津両吉
同	伊予国風早郡	村中壱統

　その他、90度、80度、70度、60度、50度、40度、30度、29度、26度といった人々が若干記されています。彼らは、その当時、金色の納札（おさめふだ）をもって巡拝していたのです。

高群逸枝の遍路

　明治28年ともなると、江戸時代よりはるかに歩きやすい環境になっていました。それ故遍路者たちも競いつつ、遍路行に没頭したのです。
　少し時代が下り、大正年間になると交通網も開け、娘巡礼で有名な高群逸枝（たかむれいつえ）が遍路しています。
　大正7年夏、逸枝は、伊藤官次老人の世話を受けながら、無事遍路を終えました。その記録を『娘巡礼記』にまとめています。
　旅立つ前は恋愛問題もありましたが、遍路後の彼女は、すべてのものを平等に愛するという一切愛の心境に達しています。
　しかしながら、当時にあって、娘の遍路は極めて勇気のいることでした。

4　遍路修行を助けた人々

① 真念、寂本、仏海上人

真念（元禄4年、1691没）

　宥辨真念は一介の托鉢修行者、四国を二十数返巡拝し、その間に初行の者にとっては遍路の道筋が不明瞭なところから、要所要所に道標を建立しました。真念の『四国徧礼功徳記』には、その数200余りと記されています。そのうち、現在発見されている数は、33基ほどです。

　また、真念は、遍路者のために宿（徧礼屋）を多く建てました。所謂、接待宿（庵）です。遍路はともかく夜露をしのぎさえすれば、何とか続けられるものです。

　現在、真念の建立した庵は一ヶ所、高知県市野瀬に「真念庵」として残っています。

真念標石（延命寺）

　その庵は、現在も徒歩遍路者にとって、ありがたい善根宿となっています。

　境内には「お四国の沙汰石」があります。その石には、次のように刻まれています。

> いざり立ち、
> めくらが見たと、おしがいう、
> つんぼが聞いたと御四国のさた

真念庵

　すなわち、体の不自由なところが、全快する、何ともありがたい御四国霊場の功徳であろうか、の意です。事実、多くの遍路者が、この真念庵まで来て病を快癒しています。

　また、1年間においしい実が三度成る三度栗も植えられています。この三度栗は、童のために弘法大師が成らせたと伝えるものであり、四度栗ともい

われています。地元の人の話によると、この栗を食べると、あまりにもおいしいので他の栗は食べられぬといいます。

ともあれ、真念庵は「日本第一霊場」の朱印を押しているほど、御利益のあったところです。

その真念の遍路者に対する功徳は、次の３つにまとめることができます。

(1) 遍路の道標の建立
(2) 善根宿(ぜんこんやど)の普及
(3) 遍路の案内記の出版

寂本(じゃくほん)（寛永８年（1631）～元禄14年（1701））

雲石堂(うんせきどう)寂本は高野山宝光院(ほうこういん)の住持であり、その寺は正智院道範(しょうちいんどうはん)の流れを汲む学侶方(がくりょかた)に属していました。したがって、彼の学問は極めて厳正なものでした。加えて、墨書は言うに及ばず、絵筆をとっても実に巧みでした。真念は、彼の高徳とその文筆多才なところを慕うて、遍路の案内記を願い出たのでした。

寂本は、記述の詳細を知るため、真念に今一度四国遍路を命じました。その結果、現在も実に貴重な『四国徧禮霊場記(へんろれいじょうき)』７巻が元禄２年に上梓(じょうし)されました。寂本の図面によって、当時の札所の景観(けいかん)が一目瞭然(いちもくりょうぜん)です。

真念は、さらに『四国徧礼功徳記(へんろくどくき)』の墨書、挿入絵(そうにゅうえ)及び注釈等を寂本に依頼しました。これらの内容は、専ら弘法大師の霊験談(れいけんだん)が多いところから、学者肌の寂本にとって心がすすまぬところがありました。しかし真念は、炉辺(ろべ)で数珠(じゅず)をつまぐって帰ろうとせずにくいさがった結果、しぶしぶ寂本がおれたのです。

よって、当時遍路の案内記として、以下の３部が世に現れました。

『四国邊路道指南(しこくへんろみちしるべ)』・・・貞享４年刊（真念）

『四国徧禮霊場記』・・・元禄２年刊（寂本）

『四国徧礼功徳記』・・・元禄３年刊（真念）

その結果、老若男女の遍路人は増し、それによって大師信仰も広まりました。寂本は、真念の要請に応(こた)えて、庶民の遍路修行を大いに助長ならしめたのです。

仏海上人（元禄7年（1710）～明和6年（1769））

　現在、室戸路の入木の地点に、仏海庵が佇んでいます。また、その庵の裏には、仏海の土中入定塔が、前を過ぎゆく遍路者を見守っています。

　仏海の功徳行は、次表のとおりです。

1	四国遍路の最大の難所、室戸路に接待庵を建てました（現在の仏海庵）。
2	同じく室戸路と足摺の難所を中心に次の合計7基の地蔵を置きました。 （1）東洋町野根の仏海地蔵 （2）東洋町側の淀ヶ磯の跳ね石地蔵 （3）室戸市側の淀ヶ磯（地蔵ヶ鼻）の飛び石地蔵 （4）仏海庵の接待地蔵 （5）佐喜浜津呂の地蔵（以上、室戸路） （6）足摺路の以布利の仏海しるべ地蔵 （7）39番延光寺の境内に立つ地蔵（三界万霊と刻む）
3	弘法大師に倣って、42歳の厄年に厄除け長寿の功徳があるという寿像を造りました。その寿像は故郷の伊予の猿川の木食庵に現在も安置されています。
4	27歳のとき、泉眼より刻像を習い、36歳のときにその数都合3000体となりました。現在でも彼の仏像は多く残っています。寺院の本尊となっているものも存在します。
5	26歳のときから木食行を始め、60歳に至って、土中入定を果たしました。
6	京都の知恩寺（百万遍）にある弘法大師利剣名号（利剣の形をした6字名号＜南無阿弥陀仏＞）に倣って、同じ形の名号をつくりました。 　仏海の利剣名号は、その名号の文字の中などに、仏号とか陀羅尼がびっしりと書かれています。もちろん、人々の息災、五穀豊饒等の願力が込められています。
7	55歳（宝暦11年、1764）のとき、第八代土佐藩主の命によって、除災与楽、五穀成就等のために、仏海庵において3年がかりで法華経の読誦（1000部読誦）を果たしました。その記念に宝筐印塔を建立し、その塔の中に、仏海自らの寿像を安置しました。

　仏海は、その塔の下で土中入定します。土中入定とは、これも高野山の弘法大師に倣ったことです。土の中に入り、真言、念仏を誦えつつ鉦を打ち、そのまま息絶えて即身仏になる作法です。

それによって衆生を済う定力は、極めて強いとされています。

　仏海は、39歳（寛延元年）のとき、66部州の廻国を終えました。45歳（宝暦四年）に遍路21度を成就しました。

　ともあれ、当時四国最大の難所、室戸に行く淀ヶ磯の海辺の道は、旅人にとってまさに必死の道のりでした。

　俗に「飛び石、跳ね石、ごろごろ石」と呼ばれ、現在でも人家なき海辺に、ごろごろと波のうねりが石を引く音のみが響く辺鄙なところです。

　仏海は、それをどうにか越えた地点に接待庵を建て、道標としての地蔵を設置したのです。遍路にお接待するために、故郷の猿川からもいろいろと金品を持ち込んでいます。

　それらの利他行の功徳は甚大であり、現在も地元の人々に尊敬を受けています。

利剣名号

仏海入定塔

② 武田徳右衛門、照蓮、川の屋政吉、静道

武田徳右衛門（文化 11 年、1814 没）

愛媛県朝倉村の庄屋系の出身です。彼の徳行は何といっても、遍路の標石を設置したことにあります。

それは徳右衛門丁石として四国全体にわたっていますが、地元の愛媛県に最も多く残っています。欠損等の標石も加えると、徳島県 19、高知県 21、愛媛県 59、香川県 8 などとなります。

この道標の特色は、梵字の𑖀とその下に弘法大師像を刻み、次の寺まで何里と表記していることです。その大きさも約 5 尺ほどあります。

徳右衛門は、私財を投じてこの丁石の設置に力を注ぎました。そこまでの功徳行の発端は、自身の子供、二男四女を次々に失い、その命を弔うために、菩提寺の住職から信仰の道を教えられた結果でした。

また、徳右衛門は、文化 7 年（1810）、越智郡府中に府中 21 ヶ所霊場を開創しました。当時は、四国遍路といっても、一般大衆はそう気易くできるものでもなく、地元の庶民の信仰による心の支えとして、1 日（10 里の行程）で参拝できる寺巡りでした。

徳右衛門丁石

千躰大師標石

照蓮（文化 13 年（1816）頃の人）

阿波の人、照蓮は、かつての真念標石に発

心し、真念の道標が少なくなっているところから、自ら建立した道標の一部に「真念再建願主照蓮」とも刻みました。また、その道標の特色は、指で方向を示し、その下に大師像を彫り、「四国中千躰大師」と刻みました。

しかしながら 1,000 体の大師道標を設置した形跡はなく、現在は 70 数基が確認されています。おそらく、1,000 の道標設置を発願したものの、何らかの理由で断念を余儀なくしたものと推察されます。

また、この道標はなぜか砂岩でできており、現在まで 200 年近い年月を経ると、極めて崩壊しやすく、今までの道路工事などで相当処分されたとも考えられます。

もっとも、現在は、四国の標石は文化財的価値を有し、1 基といえども大切に保たれています。

川の屋政吉（嘉永 2 年（1849）頃の人）

政吉の道標は、片手の 5 本の指をかざした形で、方向を示すものです。

最も代表的な標石は、高知の奈半利川に建っているものです。その刻字は、

```
肥前五嶋　福江　川のや政吉
此手　四国中へ何百有之　みなへんろ道
```

とあります。

肥前五嶋・福江の川の屋政吉が、四国の遍路道に、手をかざした標石を何百も設置したという、いわば記念の道標でもあります。

しかしながら、現在、政吉の標石と確認されているものは、極めて少ないといわれています。

政吉標石

静道俳句標石

静道（文化12年（1815）～明治5年（1872））

　真精院静道は、今治の出身です。よって、石造物も今治を中心として35基ほど確認されています。

　彼は、俳句を詠む洒脱な性格をもち、遍路標石に自分の俳句を添えています。例えば、55番南光坊に建つ標石には、

> 従是泰山寺十八丁　暮かけて　一里も久禮寿　秋の山

とあります。

　高さ164センチの大きな石柱です。句の意味は、「暮れかかったが、一里先に見える仙遊寺あたりの山はまだ暮れておらず、その秋の山は美しい。今から急げば泰山寺、栄福寺と打って仙遊寺まで行けるかもしれない」という遍路者の旅心も含まれているといいます。「一里も暮れず」に句意が潜んでいます。

　また、その他の標石にも、自分の寿塔、墓にも存分に次のような俳句を刻んでいます。

> 入相のかね惜しまるる桜かな
> 雪とけて元の山家となりにけり
> 遠山に眼のとどきけり秋の月
> つつしみの常にありけり大三十日

　静道のみならず、四国路は心の琴線にふれる光景が多く、情緒が豊かになります。以下、私の遍路俳句です。

　　ふっ切れて青田に舞へり遍路笠
　　錫の音の遠片蔭を目指しけり
　　一つ葉に室戸の怒濤ひびきけり
　　土佐湾の怒濤撃ちぬく威銃
　　新発意の杖もろともに日焼けせり
　　錫杖に水を浴びせし酷暑かな
　　ゆく旅の青嶺を照らす月兎かな　　　（以上、證善）

③　中務茂兵衛、伊藤萬蔵

中務茂兵衛義教（弘化2年（1845）～大正11年（1922））

　彼は、山口県大島郡の出身です。22歳のとき、結婚に反対されてからうまくいかず、遂に四国の遍路人となりました。また、大峰山、富士山等にも登拝し、西国も巡礼しました。

　改めて四国遍路に没頭し、その回数は合計280の巡拝に達し、遍路の歴史としては最多です。彼の功徳行も主に道標に注がれました。その数は、現在判明しているもので237基ほどです。彼の最後の道標は、大正10年の279度目のものであり、2基存在しています。

晩年の中務茂兵衛

中務茂兵衛

　また、その道標の一部には、友人の臼杵陶庵の和歌、俳句や自作の和歌、俳句を刻んでいます。茂兵衛は、明治24年、47歳のとき、76番金蔵寺にて度牒（得度）を受け、法名を義教と授かりました。陶庵は、その金蔵寺にいた友人でした。

吹風も清し蓮の花の寺	陶庵
うぐいすやほふ法華経の別世かい	同
世の中に神も仏もなきものを　まれに信ずる人にこそあれ	同
迷ふ身を教へて通す法の道	義教
旅うれし只ひとすじに法の道	同
うまれきて残るものとて石ばかり　わが身は消へて昔なりけり	同

　茂兵衛は、遍路案内記も出版しました。すなわち、『四国霊場略縁起道中記大成』です。その記述は、各札所の本尊の姿を描き、真念の『四国邊路道指南』を真似て書かれています。その中の一節を紹介すると、次のごとくです。

　　順拝修行の人は、菩提の為の道中なれば、大師に身を打ち任せ、仏菩薩

と心を同じうして、慈悲柔和にして、己を責め他を助けるを第一と心がけ、同行の中に行き届かぬ人あれば、傍より気を付け、過なきように世話し、もし病人、足弱等できたれば、その人の気がねせぬように心よく介抱し、あるいは長者の荷物をたすけ持つなど、万事に気を付け、仮そめにも、我慢気侭を出さぬよう致すべし・・・。

伊藤萬蔵（天保4年（1833）〜昭和2年（1927））

　彼は、尾張一宮にて生を受け、名古屋城下において米取引で資産家となり、同時に全国の寺社を参拝し、文久元年から昭和2年に至る67年間、合計460件の寄進物が確認されています（平成20年現在。田野尻弘氏の調査）。それらはほぼ石造物であり、灯籠、香台、花立て、道標、寺標等です。

伊藤萬蔵

　四国霊場では79基、地元に近い知多88ヶ所では100件にのぼります。その他、西国33ヶ所、高野山、熊野、名古屋等々です。中でも高野山奥の院の入口（一の橋）に立つ「奥之院弘法大師」の石柱の高さは、3m60cmの大きなものです。

　また、彼は、四国では一部、中務茂兵衛と協力して、香台、花立てを奉納しています。29番国分寺手前の標石にも、両人の名が刻まれています。

　二人の連名による寄進物は、四国霊場で16件みられます。それも含めて、四国の県別にみた萬蔵の石の寄進物は、徳島県24、高知県12、愛媛県24、香川県19とされ、その種類は、香台（線香立て）62、寺標5、花立て4、常夜灯3、道標3、手洗い1、百度石1となっています。大部分の札所では、「名古屋市塩町四丁目　伊藤萬蔵」と独特の文字で名を彫った石の香台を確認することができます。

　彼は晩年、徳山と号しました。92歳のときの書には、「忍と信かたく守れる其人は神も仏もかはらざりけり」とあります。彼は、95歳の長寿を全うしました。戒名は寿照院観空徳山居士、墓所は八事の誓願寺にあります。

5　遍路の基礎知識

① 遍路の素朴な疑問

遍路することが、胎蔵曼荼羅の四転（四門）の功徳行というのはなぜか

お遍路修行は、四国全体を胎蔵曼荼羅と見て、次のとおり、東から順に巡り、発心・修行・菩提・涅槃（四門）の修行により、煩悩を滅した心境（悟りの境地）に到るという内容です。

東（徳島県）	発心の道場（1番～23番）
南（高知県）	修行の道場（24番～39番）
西（愛媛県）	菩提の道場（40番～65番）
北（香川県）	涅槃の道場（66番～88番）

このように、四国の遍路を胎蔵曼荼羅の上を巡る修行に見たてた説は、宝暦13年（1763）刊『四国徧禮絵図』の中に、次のように見えています。

夫れ四国遍禮の密意を云わば、四国は大悲台蔵の四重円壇に擬し（似ており）、数多の仏閣は十界皆成の曼荼羅を示す。所謂四重の曼荼羅は、十界其身平等に各々八葉開敷の蓮台に坐し、光明常に法界を照らす
…以下略。

四国札所はなぜ88札所か・番外霊場札所というのはなぜか

88ヶ所の由来については、12頁のとおりで、人間の知っている88の煩悩を滅して迷いをなくし、清らかな身心となるために、88の札所（札を打つ場所、現在は札を納める場所）すなわち寺院を巡拝します。

番外札所とは、88の札所以外の札所（寺院）のことです。88番の中に含まれていませんが、昔から霊場とされている場所を指します。例えば、鯖大師、十夜ヶ橋、穴禅定慈眼寺等があります。

88ケ所の札所とご本尊

徳島県（発心の道場）23か寺			
1	霊山寺　釈迦如来	4	大日寺　大日如来
2	極楽寺　阿弥陀如来	5	地蔵寺　勝軍地蔵菩薩
3	金泉寺　釈迦如来	6	安楽寺　薬師如来

7	十楽寺	阿弥陀如来	16	観音寺	千手観世音菩薩
8	熊谷寺	千手観世音菩薩	17	井戸寺	七仏薬師如来
9	法輪寺	涅槃釈迦如来	18	恩山寺	薬師如来
10	切幡寺	千手観世音菩薩	19	立江寺	延命地蔵菩薩
11	藤井寺	薬師如来	20	鶴林寺	地蔵菩薩
12	焼山寺	虚空蔵菩薩	21	太龍寺	虚空蔵菩薩
13	大日寺	十一面観世音菩薩	22	平等寺	薬師如来
14	常楽寺	弥勒菩薩	23	薬王寺	厄除薬師如来
15	国分寺	薬師如来			

高知県（修行の道場）16か寺

24	最御崎寺	虚空蔵菩薩	32	禅師峰寺	十一面観世音菩薩
25	津照寺	地蔵菩薩	33	雪蹊寺	薬師如来
26	金剛頂寺	薬師如来	34	種間寺	薬師如来
27	神峯寺	十一面観世音菩薩	35	清瀧寺	厄除薬師如来
28	大日寺	大日如来	36	青龍寺	波切不動明王
29	国分寺	千手観世音菩薩	37	岩本寺	不動、地蔵、観世音、弥陀、薬師
30	善楽寺	阿弥陀如来	38	金剛福寺	三面千手観世音菩薩
31	竹林寺	文殊菩薩	39	延光寺	薬師如来

愛媛県（菩提の道場）26か寺

40	観自在寺	薬師如来	53	円明寺	阿弥陀如来
41	龍光寺	十一面観世音菩薩	54	延命寺	不動明王
42	仏木寺	大日如来	55	南光坊	大通智勝如来
43	明石寺	千手観世音菩薩	56	泰山寺	地蔵菩薩
44	大宝寺	十一面観世音菩薩	57	栄福寺	阿弥陀如来
45	岩屋寺	不動明王	58	仙遊寺	千手観世音菩薩
46	浄瑠璃寺	薬師如来	59	国分寺	薬師瑠璃光如来
47	八坂寺	阿弥陀如来	60	横峰寺	大日如来
48	西林寺	十一面観世音菩薩	61	香園寺	大日如来
49	浄土寺	釈迦如来	62	宝寿寺	十一面観世音菩薩
50	繁多寺	薬師如来	63	吉祥寺	毘沙門天
51	石手寺	薬師如来	64	前神寺	阿弥陀如来
52	太山寺	十一面観世音菩薩	65	三角寺	十一面観世音菩薩

香川県（涅槃の道場）23か寺

66	雲辺寺	千手観世音	78	郷照寺	阿弥陀如来
67	大興寺	薬師如来	79	天皇寺	十一面観世音菩薩
68	神恵院	阿弥陀如来	80	國分寺	十一面千手観世音菩薩
69	観音寺	聖観世音菩	81	白峯寺	千手観世音菩薩
70	本山寺	馬頭観世音	82	根香寺	千手観世音菩薩
71	弥谷寺	千手観世音菩薩	83	一宮寺	聖観世音菩薩
72	曼陀羅寺	大日如来	84	屋島寺	十一面千手観世音菩薩
73	出釈迦寺	釈迦如来	85	八栗寺	聖観世音菩薩
74	甲山寺	薬師如来	86	志度寺	十一面観世音菩薩
75	善通寺	薬師如来	87	長尾寺	聖観世音
76	金倉寺	薬師如来	88	大窪寺	薬師如来
77	道隆寺	薬師如来			

別格20番札所と御本尊

番外札所のうち、次の20か寺が集まって「別格20番」と称しました。

1	大山寺（たいさん）　千手観世音菩薩	11	生木地蔵（いきき）　地蔵菩薩
2	童学寺（どうがく）　薬師如来	12	延命寺（えんめい）　延命地蔵菩薩
3	慈眼寺（じげん）　十一面観世音菩薩	13	仙龍寺（せんりょう）　弘法大師
4	鯖大師本坊（さば）　弘法大師	14	椿堂（つばきどう）　延命地蔵菩薩・非核不動尊
5	大善寺（だいぜん）　弘法大師	15	箸蔵寺（はしくら）　金比羅大権現
6	龍光院（りゅうこう）　十一面観世音菩薩	16	萩原寺（はぎわら）　火伏地蔵菩薩
7	出石寺（しゅっせき）　千手観世音菩薩	17	神野寺（かんの）　薬師如来
8	十夜ヶ橋（とよがはし）　弥勒菩薩（橋の下に大師像）	18	海岸寺　正観世音・弘法大師誕生仏
9	文殊院　弘法大師	19	香西寺（こうさい）　延命地蔵菩薩
10	興隆寺（こうりゅう）　千手観世音菩薩	20	大瀧寺（おおたき）　西照大権現（にしてる）

遍路という言葉の意味は

　かつて四国は、俗世間を離れて、その海岸線の道を巡る辺路（へじ）信仰がありました。四国の辺路（へじ）信仰は、熊野九十九王子の太平洋の海岸を巡る辺路（へじ）に次いで2番目といっていいでしょう。

　その辺路（へじ）の巡行が辺路（へじ）といわれたのは、室町期になってからです。弘法大師信仰が盛んになり、海路と峰々の霊刹が結びついて巡礼化し、現在のような巡拝行程になりました。

　江戸時代になって遍路（へんろ）の字が生じましたが、この2字ばかりでなく、江戸期には邊路、徧禮（へんろ）（礼）、遍礼（へんろ）等の字も使用されています。すなわち、弘法大師信仰をもって四国の海浜・岬の寺院、峰々の寺社を巡拝するのが遍路の意味です。

同行二人（どうぎょうににん）の意味は

　四国の霊場を巡るときは、たとえ一人であっても、常にお大師さまが影のごとく連れ添って護ってくれるというのが、同行二人という信仰です。

　仮に友達と二人で遍路に出たとすると、その場合はお大師さまを加えて、お札（納札）に「同行三人」と書きます。三人で行ったときは「同行四人」といった具合です。

ただし、近年は、同行二人の言葉だけが流布しています。

霊場のご本尊、種子（しゅじ）とは何か

　霊場（寺院）の中心の仏さまを本尊といいます。種子とは、その仏さまの象徴として、１つの梵字であらわしたものを指します。

　これは、密教独特の表記です。その１つの梵字（種子）が仏さまそのものですから、納経帳等に押される梵字には、仏の力（いのち）がこもっています。

遍路の格好（姿）は

　まず、必ず持たねばならないものは、笈摺（おいづる）と金剛杖です。納札とお賽銭も必要です。笈摺は、遍路の聖なる衣（ころも）です。金剛杖は、お大師さまのみ霊（たま）がこもるものです。

　納札は、その霊場の仏さまに、願意を書きつつ自分が来たという証しに納めるお札。お賽銭は、巡拝者の心ばかりの御礼です。

　その他、右図のごとき姿が最も望ましいのですが、例えば、菅笠のかわりに帽子、ズボンはトレパン（白）といった具合に現代風でもかまいません。

　頭陀袋（ずだ袋）（さんや袋）の中には、経文、数珠、蝋燭（ろうそく）、線香、祈念専用ライター（あるいはマッチ）、塗香（手に塗るお香）などが入ります。

　輪袈裟（わげさ）は、在家者の場合、必ず必要とされるものではありません（以上、詳しくは61頁以下を参照）。

　なお、数日かかる参拝は、リュックが要（い）ります。

遍路の姿

　遠距離を歩く場合は、痘を避けるため、必ず少し大きめのサイズの運動靴を選びましょう。普段の靴ではいけません。あくまでも参拝専用の清浄な靴を備えましょう。

先達（せんだつ）とはどんなことをする人なのか

　ひと言でいうと、同行の修行者を導く者のことです。ただし、その霊場に

① 遍路の素朴な疑問　49

対する識見もあり、修行上の心境も開けており、円満な人格を備えていることが必要です。初心の人、まだ修行未熟な人に対し、適切に指導ができる人を指します。

また、先達は、初心者には理解できない卓見を持ち合わせているところから、特に行場での先達の言葉には、素直に従うことが肝心です。

お接待とは何か

接待（攝待）のもともとの意味は、家の前などに清水、湯茶を出して、修行者や旅人に施したことを指します（一説）。門茶ともいいました。ただ、お茶のみならず、果物、米、お菓子、飴などの食物、さらにお金、宿まで修行者に施すようになりました。

接待した者は、その浄心の布施により、功徳が生じます。接待を受けた者は、その恩恵をありがたく思い、さらに修行の高みに向かいます。すなわち、接待の意義は、布施の意義と同じです。

昔も今も、接待所といって、霊場のあちこちに遍路者に対し、くさぐさの物を渡すところが生じています。

札所では具体的に何をすればよいか

・札所の礼拝時間は午前7時から午後5時までです（厳守）
・札所での礼拝読経の順序
札所の門前に着いたあと、次の手順を踏みます。
① 山門（あるいは三門）にて諸仏に深く一礼します。これは古来からの仏教の作法です。
② 次に、境内に入り、まず手を洗い、口を漱ぎます。このとき、柄杓に直接口をつけないこと、洗った右掌に左手の柄杓の水を入れて、その水で口を漱ぎます。
③ 本堂の前に行き、蝋燭、線香に火をつけます。火は自分でつけたお光を献げるのが本来の作法です。他人のつけている火を取らないことです。お寺の種の灯はかまいません。
④ 写経、納札、お賽銭を堂前の所定の箱に入れます。写経はたとえ1枚で

も納めればよいのですが、近年はなくともかまいません。
⑤　清浄な気持で、本尊（あるいは弘法大師）の前に立って深く一礼（本来は三礼）します。
⑥　次に読経…読経の次第は任意ですが、一般的に最略の次第は次のごとくです。

・本堂…般若心経1巻、本尊御真言7遍
・大師堂…般若心経1巻、大師御宝号7遍

　もし、般若心経を知らない人ならば、せめて次のように唱えます。

・本堂…光明真言（オン・アボキャ・ベイロシャノウ・マカボダラ・マニハンドマジンバラ・ハラバリタヤウン）21遍
・大師堂…御宝号（南無大師遍照金剛）21遍

　なお、7遍、21遍の数は、念珠でとります。
　般若心経は、時間がゆるすならば3巻くらいは唱えたいものです。また、88ヶ所の本尊に観世音菩薩が多いところから、観音経の偈文を読む人達もいます。参考までに私どもの団参のときは、次のような次第です。

・本堂…般若心経3巻、観音経偈1巻、本尊御真言7遍
・大師堂…般若心経3巻、大師御宝号7遍

　なお、丁寧な読経内容としては、次のようになります。
　先祈願文、次開経偈、次懺悔文、次三帰、次三竟、次十善戒、次発菩提心真言、次三摩耶戒真言、次般若心経、（次観音経偈文）次本尊御真言（あるいは大師御宝号）、次光明真言、次回向文
　以上の内容は、経典（勤行次第）に出ています。
⑦　丁寧に一礼（本来は三礼）して終わります。
⑧　読経が終わってから納経所で宝印を受けます。

　　掛軸　　　　　500円
　　納経帳　　　　300円
　　笈摺（判衣）　200円

⑨　山門（三門）を出るときには諸仏に対し、修行御礼の一礼をしてから去ります。
※なお、境内及び寺院内では、特に火には十分に留意しなくてはなりませ

ん。仏典では、修行者が最も軽んじてならない四事の1つにあげています。

「小火は微なりといえどもよく山野を焼く。また軽んずべからず」（『雑阿含経』）。

札所での功徳ある読経の方法は

　心の中に俗事、あるいは人間関係等でひっかかるものをもたないことです。頭の中も胸の中も、できるだけ雑念から離れること。お経を読みつつ頭の中、心内で闘争の世界を繰り広げることなどはよく起こることであります。しかし、そういったお経は、仏さまに届いていません。雑念のほうが強いからです。

　そこで、功徳ある読経とは、換言すれば仏さまに届くお経を読むということになります。

・読経前は思念を落ち着かせる。
・そのために読経にあたり、まず一度ゆっくりと腹の底から息を吸う。
・読経中はできるだけ腹で息を吸う。例え細くとも、腹の底からのやや力強い息で読経する。その息さえあれば、声の大小、高低には関係ありません。

　まわりに多くの読経者がいても、この息で声を殺して読経できます。

　御真言も大師御宝号もこの腹からにじみでてくる息で誦えます。喉だけで、あるいは口先だけの読経は全くの初心のうちです。

　読経は、忙しい気持ちで読まないこと。初心の頃ならばなおのこと、お経の一字一字を仏さま、もしくはお大師さまと思って丁寧に読むことです。

笠の墨書にはどんな意味があるのか

　遍路の菅笠（すげがさ）（網代笠（あじろがさ））における書様は、62頁の写真のとおり、以下の四句の文です。

　　東北…迷故三界城（めいごさんがいじょう）（迷うが故に三界の城あり）
　　東（正面）…梵字 ゆ（弘法大師の種子（しゅじ））
　　東南…悟故十方空（ごこじっぽうくう）（悟るが故に十方は空なり）
　　南西…本来無東西（ほんらいむとうざい）（本来東西なく）

西（後方）…同行二人（どうぎょうににん）
　　西北…何處有南北（かしょうなんぼく）（いずくにか南北あらんや）

　以上の四句は悟りの心境を表しています。すなわちどのようなことにも、とらわれない（無執着）という意味です。
　この文は、もともとは死者のお棺に書かれた四句の文です。かつては遍路が行き倒れて亡くなると、お棺のかわりに当人の笠が上に置かれました。

鈴を携える目的は何か

・行者の心を軽安（きょうあん）ならしめる。
・亡者を驚覚（きょうがく）ならしめる。
・信仰なき者に信を募らせる。
・山野の動物が先にその音に気づいて、行者に害を与えない。
・読経、托鉢のときの合図。また、妙音の供養につながる。

　これらは、ほぼ出家者の錫杖の功徳の一部に相当します。持鈴は、遍路中は腰のあたりにつけるとよいでしょう。持鈴の本来の形は、先端が五鈷の形になっているものです。

使う杖にはどんな意味があるのか

　お杖には、いくつかの形があります。現在最も流布している形は上部が五輪形であり、下は四面になっています。正しくは金剛杖といい、本邦では修験道で用いられていたのが、遍路のお杖と定まっています。
　お杖の上部は、地水火風空の五輪形（四角・円形・三角・半月・宝形）に刻まれ、大日如来を象徴しています。もっとも、ここに弘法大師の御霊（みたま）が入り、お杖がお大師さまとなります。したがって、大切に取り扱わねばなりません。
　また、五輪形の四面には梵字が書かれ、順回りに発心・修行・菩提・涅槃の四門の修行順序を示しています。
　お杖の正面には、ॐ南無大師遍照金剛と書き、その右に同行二人と書きます。
　お杖もかつて遍路者が行き倒れたときは、墓標とされました。

笠、金剛杖ともに、自分の名前を書くしきたりがあります。

朱印のいただきかたは・朱印の授与の意味は

　朱印（宝印）は、本堂と大師堂を参拝した後に納経所で納経帳に受けます。古くは、日本を廻国する修行者（六十六部行者）が写経を寺社に納めて、その証しとして納経帳に記され（納経請取状（うけとりじょう））、同時に朱印をいただいたのが起源です。

　西国33ヶ所霊場では、養老年間（717－724）に霊場を開創した徳道上人が、閻魔（えんま）大王との約束により、33ヶ所を巡って宝印を受けた者は、地獄に落とさないという故事によっています。

　もっとも、西国霊場の納経印も、古くは廻国行者の納経請取状（うけとりじょう）に始まると伝えています。

　ともあれ、朱印を受けることは、写経を納めた証し（あるいは読経の証し）ですから、自分の罪障を消滅したことと同時に、その寺院の御本尊の功徳をいただいたことになります。

なぜ巡礼者は御詠歌を奉納するのか

　88ヶ所において、札所の和歌の初見は、真念の『四国邊路道指南（へんろみちしるべ）』（貞享4年・1687）であり、その真念の解説に、

　　男女ともに光明真言、大師の宝号にて回向し、その札所の歌三遍よむなり

とあります。庶民は当時、般若心経はまだ読めません。かつまたどこの霊場でも日本人の習慣として、神仏に和歌を詠じて納めていました。四国でもその風習にて和歌を本尊に奉納していました。本当は自分でつくった和歌が本来ですが、誰でもすぐに唱えられるように、そこの札所の和歌が定まったのです。

　また、昔から心をこめてつくった和歌には、その言葉に力があり、密教でいうならば陀羅尼（だらに）と同じ功徳があるとされました。

　近代には、その和歌に節（曲）を付けて唱えています。自分の属する流儀の御詠歌の節を付けて、88の札所の和歌を唱えることは、聞いているほう

も気持ちのよいものです。

　所謂札所の御詠歌は、もとをただせば、読経と同じ意味をもつものです。

　ちなみに、弘法大師が詠じたと伝える四国の和歌に、
　　法性の室戸といえどわが棲(す)めば
　　　　有為(うい)の波風よせぬ日ぞなき（土佐・室戸窟）
　　行き悩む浮世の人を渡さずば
　　　　一夜(ひとよ)も十夜(とよ)の橋と思ほゆ（伊予・十夜ケ橋）

　同じく大師の和歌に、
　　雲晴れて後(のち)の光と思ふなよ
　　　　もとより空に有明(ありあけ)の月（本有常住(ほんぬ)の心）

などが伝えられています。

納経帳にはどのような意味があるのか

　納経帳は、前述したとおり、昔の日本廻国行者の納経請取状(うけとりじょう)がその始まりです。行者が寺社に写経（特に法華経）を納めた証しとして、寺社側から書きつけてもらった帳面です。納経帳をかつては奉納経ともいいました。

　現在の納経帳は、その札所の本尊の種子が書かれた宝印が押されていますから、功徳甚深のものです。汚い手で触れてはいけませんし、他人にもやすやすと触れさせるものではありません。

　自分の家では、納経軸、判衣(はんえ)も同様です。

納札にはどのような意味があるのか

　納札（おさめたふだ・のうさつ）の由来は、昔修験者が修行所（拝所）に打った札（碑伝(ひで)）が始まりとされ、古くは木札を札所に打って行きました。それより札を納めることを札を打つといいます。

　かつては木製でしたが、遍路を広めた江戸期の真念は既に紙札と案内しています。そのほうが手軽だったからです。納札は、自分がそこに参拝した（写経を納めた）という証しであると同時に、祈念の札でもあります。

　現在は、遍路を成満(じょうまん)した回数によって色分けされています。
　　白札…………初回目から４回目まで

青（緑）札……5回目から7回目まで
赤札…………8回目から24回目まで
銀札…………25回目から49回目まで
金札…………50回以上
錦色(にしき)…………100回以上

　しかしながら、厳密にこの色に従わなければならないということはありません。尊敬すべき大先達でも、白札を用いている人もいます。
　なお、お接待(せったい)をいただいたときは、自分の納札を渡すしきたりがあります。
　また、金札もしくは錦札がありがたいということで、堂前の納める箱の中を掻き回して捜している人を時おり見かけますが、そのような貪欲(とんよく)的な行為は慎みましょう。他人の願いを盗り、病気も持っていくといわれています。

何のために鐘を撞くのか

　鐘楼の大鐘を撞くときは、出家者にはそれなりの作法があります（偈文(げもん)も唱えます）。
　打つときの心境は、三界に迷える衆生（命あるもの）を驚覚(きょうがく)せん、迷える者の苦を停止せしめんと十分に意識して打ちます。その衆生の姿は見えなくとも、衆生の命は虚空、地上、地下、いたるところに存在しています。
　眠れる命を覚まさんという打つ者の清浄心の働きが、鐘にこもる仏力を増長ならしめ、衆生の心の長き眠りを覚まし、あるいは苦を停止せしめるに至ります。
　故に、鐘の響きは尊い声であり、ちょっと打ってみようと思って打つ鐘ではありません。
　また、単に、人が訪れたことを知らせる鐘でもありません。
　弘法大師も経を引いて、「一たび鐘を打たん声ごとにまさに願うべし、衆生三界の苦を脱れて菩提を得見せんと」（「性霊集」）と述べています。まぬか
　この鐘楼の大鐘は、時を知らせる鐘でもあり、仏教儀式の折に撞かれています。
　別に寺院の入口の竜宮城形式の門は、一門であっても3つの教義（空門・

無相門・無作門）を含む理由から、三門（三解脱門）と呼びます。

　この三門には、中央に紐が垂れて鐘を引くようになっていることが多く、人が訪れたことを知らせる意味合いが強いものです（訪鐘ほうしょう）。

　いずれにせよ、参拝者が寺から出ていくときには、鐘を撞きません（出鐘でがねを禁ず）。

遍路巡りをしている間の禁忌・注意点は

・参拝時間（午前7時－午後5時）以外に蝋燭・線香を立てることを控える（火気に注意）。
・トイレに入るときは笈摺おいずるを脱ぎ、念珠経典等の法具を持ち込まない。
・納札を入れる箱の中をあさらない。
・いろいろなことに腹を立てない。
・山野の草木等を取ったり、折ったりしない。
・すべてお大師さまの示されることと思い、自身の学びとする。

　何よりも次の「遍路の三信条」と「十善戒」に心がけていれば、善心が増長してあやまちを犯さずにすみます。

○遍路の三信条

> (1) 摂取不捨せっしゅふしゃの御誓願を信じ、同行二人の信仰に励むこと
> 　　三世の諸仏及び弘法大師の「すべての衆生を救い取って捨てることはない」という御誓願を信じ、遍路中は常に大師が連れ添っておられるという同行二人の信仰、修行に励むこと
> (2) 何事も修行と心得て、愚痴、妄言を慎むこと
> 　　矛盾めいたこと、困ったこと、辛いこと、何事につけても修行と思い、ぶつぶつ愚痴をこぼしたり、つまらぬことを言わないこと
> (3) 現世利益の霊験を信じ、八十八使の煩悩を消滅させようとすること
> 　　時がくれば必ず御利益がいただけると信じて根気よく修行し、88種あるという迷える心因、「煩悩」を消滅させんとすること―それによってもろもろの福が増し、寿（いのち）が長くなります

○十善戒（止悪・行善）

　遍路中の戒律―日頃から心がけましょう（十善戒については65頁参照）。

遍路を終える作法はどのようなものか

　88番すべてを打ち終えたら、高野山奥の院に御礼参りをする習わしがあります。

　あるいは、徒歩の人は、88番大窪寺から歩いて、1番札所に戻って、1番札所霊山寺を参拝することもあります。

　金剛杖と笈摺を88番大窪寺で納めてしまう人もいますが、自宅に持ち帰り、次回にも当然使用できますし、2度と遍路に行かなくとも、自身が没したときに、その笈摺を着せてもらい、金剛杖をお棺に入れてもらうことも、きわめてありがたいことです。

　生前の修行の功徳を持って、浄土に向かうことができます。

高野山奥の院

遍路とは具体的にどれほどありがたいものか

　私達は、平生、経験概念を絶対真実のごとく思うことが度々あります。

　経験概念は、それなりに重要なものですが、実は逆に煩悶の原因ともなり、人間の苦難の問題に対しては、解決できないことが多いのです。

　それ故、一切の俗世の絆を断ち切って、左右の人間関係から自分を解放して巡礼の旅に出ます。そうすると、たった一つの自分のいのちそのものの純粋性が現れてきます。石についている苔を洗い落としてみると、何ときらきらとした鉱石であった、ということと類似しています。

　かつまた神仏の慈悲の力、聖道のちからによって奇跡が起こります。1例を出すと、臨済宗妙心寺派の管長を務めた山本玄峰師（1866－1962）は、若い頃眼病を患い、3年間入院したが失明の宣告を受け、苦難のあげく四国遍路の裸足参りに出ました。裸足参りの七巡目にやっと目に光を得るに至りました。25歳のときでした。師はその後、33番雪蹊寺の住職に導かれ僧侶となり、修行の結果、遂に悟道に達しました。真言宗では、管長を務めた和田性海師（1879－1962）は一生の糧となる四国遍路をしています。

② 初心者の徒歩遍路心得

若い元気な人たちが通して歩いておよそ43日～45日間かかる

　霊場巡拝は、徒歩で行くことが当人の真心（信心）を表し、諸仏に対しての何よりの供養といわれています。それは、古くはインドの仏跡巡拝からの信仰理念です。

　御四国88ヶ所は、若い元気な人々の場合、通して歩くと、およそ43日～45日間かかります。

　途中、お接待の車があったりしますと、日程は縮まりますが、最初のときはともかく、乗物を避けて行くべきです。

　そして元気な人は、寝袋を持参し、泊まれるような場所（バス停、駅など）で1泊すれば、宿代が浮きます。

費用はおよそ1日1万円くらい

　まともに宿をとって88ヶ所を遍路した場合、およそ1日1万円くらいはかかりますから、43日間ですと約43万円になります。若い人は、そのような旅金を持ち合わせていませんから、野宿形式をとらざるを得ません。

　ありがたいことに88ヶ所の道中には、善根宿がかなりあります。近年も大分増えつつあります。納経所で善根宿の様子を知ることもできますし、すれ違う遍路とお互いに情報を交換し、教えあうことにもなります。

43日間も休みがとれないとき

　43日間も休みがとれない人は、例え3日間でも1週間でも、とりあえず行けるところまで行き、その続きは次回の楽しみとします。1国参りといい、四国の中の1国、例えば阿波1国（7日間）、土佐1国（14日間）等、1国ずつ区切って巡拝する方法もあります。ともあれ、何度になっても88の札所をすべて打てばよいのです。

　打ち始めの場所は、1番札所からでもよろしいし、また別の札所からでもよいのです。

リュックは、腰の弱い人なら 12～13 kg までが理想

　リュックは、腰の弱い人ならば、12～13 kg までが理想です。

　納経帳、経典、念珠、蝋燭、線香、参拝専用ライター等は、頭陀袋に入れて下げるときもありますが、リュックに入れて歩くことが多いようです。

　また、徒歩遍路案内地図（1番札所に売っています）、雨ガッパ、傷薬、腹薬、保険証、懐中電灯、歯ブラシ、果物ナイフ、蚊取り線香（夏）、寝袋（枕付）、携帯用の蚊帳などがあげられます。足りないものは、道中の店で求めればよいでしょう。なお、携帯電話は、天候を調べる場合とか、いざというときに使用します。いつも世の中の人と電話でやりとりしていては、俗世の気分が抜けず、精神が澄みません。その点を十分に心すべきです。

最初からとばして歩かないこと

　特に留意すべきことは、徒歩の場合、最初からとばして歩かないことです。日頃から、私たちは、1日に何十kmも歩いているわけではありませんから、とばして歩くと、3日、4日で足がいうことをきかなくなってきます。

　したがって、88ヶ所すべて歩き通すのであれば、最初の7日くらいはゆっくりと歩きます。決して急がないことです。もっとも、スポーツ等で常に足を鍛えているならば話は別です。きつい靴で急いで歩くと、足の親指の爪が青くなります。それから爪が剥がれることもあります。

　靴（運動靴）は、紐タイプのもので紐を緩く調節し、少し大きめのサイズのものを履くようにします。2・3日歩いて足に痘ができはじめる状態は、靴が小さいという証拠です。それは、当人が普通サイズの靴を履いているから痘ができるのです。痘ができると、毎朝、毎晩、その手入れが面倒です。

遍路の三信条、十善戒を常に心がける

　世間から離れたつもりで霊場にきているのですから、テレビの面白番組、新聞、週刊誌等は避けます。同時に、仲間がいたとしても、世間話、つまらぬ会話をしないことです。心が修行に統一できずに、散乱してしまいます。

　遍路の三信条（57頁参照）、十善戒（65頁参照）を常に心がけていれば、実に尊い心に変化します。心というものは、そのようなものです。

③ 遍路の必需品

　遍路の基本的な法具は、以下のとおりです。他に用意すべき物として、数珠、ろうそく、線香、経本、塗香、賽銭等があります。
　昔から白装束（しろしょうぞく）で身を包みという言葉があるほど、笈摺（おいずる）に白いズボン（トレパン等）は理想です。
　まさに浄土（じょうど）に行く旅立ちとして、心を決めて参拝したいものです。

金剛杖（こんごうづえ）

　杖の先端が少し尖っているのは、独古金剛杵（とっこごんごうしょ）の形であり、このことから金剛杖と呼ばれます。魔を払う形です。
　また、上部は、五輪（下から地（じ）、水（すい）、火（か）、風（ふう）、空（くう））の形、すなわち大日如来（だいにちにょらい）の三摩耶形（さんまやぎょう）であり、ここに弘法大師の御霊（みたま）が宿ります。
　したがって、金剛杖がお大師さまであり、お大師さまが先導してくれます。同行二人（どうぎょうににん）という言葉がありますが、1人で遍路していても、必ずお大師さまが付き添っているという信仰から、同行二人といわれます。したがって、お杖を粗末（そまつ）に取り扱ってはなりません。
　宿に着いたら、まずお杖を洗わねばなりません。自宅に帰ったら、洗って床の間のような清らかな場所に置きます。
　ちなみに、西国観音霊場では、同行二人といえば観音さまと2人づれという意であり、笈摺が観音さまです。

笈摺（おいずる）（負摺）

　聖なる白衣（はくえ）、聖衣（せいい）であり、必ず下着をつけた上で着用します。本来は、袖のない形です。昔、修行者が笈の下に、この白衣を着ていました。昔は、おいずりともいいました。
　中央に ❸ 南無大師遍照金剛と墨書します。これも大師とともなる意味をもちます。トイレに入るときは必ず脱ぎます。輪袈裟（わげさ）、経本、念珠等もトイレに持ち込んではなりません。

図中ラベル:
- 菅笠
- 金剛杖
- 札挟み（箱型）
- 頭陀袋（さんや袋）
- 笈摺
- リュック
- 持鈴
- 手甲
- 念珠
- 白ズボン（参拝専用）
  ※脚絆をつけるときは、裾をあげる。
- 運動靴（参拝専用）
  ※紐付きが望ましい。

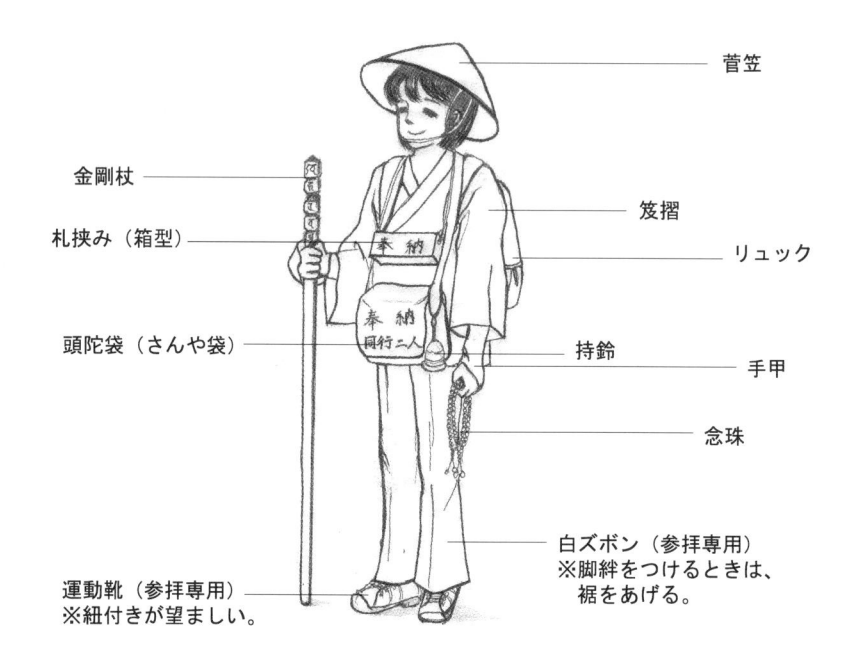

納札（のうさつ）

　各札所の本堂と大師堂に参拝したとき、必ずその２か所に納めます。納札入れ（札挟み）に入れて携帯します。この納札に願意と氏名を書きます。もしお接待があれば、納札を渡して御礼を述べる習わしがあります。

菅笠（網代笠）

　正面は東方であり、大師の種子と四句等を書きます。

　　東……ゝ
　　南……同行二人
　　東北…迷故三界城（迷うが故に三界の城あり）
　　東南…悟故十方空（悟るが故に十方は空なり）
　　南西…本来無東西（本来東西なく）

菅笠

62　5　遍路の基礎知識

西北…何処有南北（いずくにか南北あらん）

　これらの四句は、『諸回向清規』『真言引導要集便蒙』などが典処になっています。また、かつて道中で死亡したときは、金剛杖を墓標として立て、四句の文を書いた笠はお棺がわりに上から置かれました。

　また、笠は、道中とか托鉢のときはかぶっていますが、札所での礼拝読誦のときは頭からはずします。諸仏の前ではかぶりものはとるのが礼儀です。

　高野山奥の院の御廟前で笠をかぶって読誦している結願者をちょくちょく見かけます。笠はとるべきです。

　また、高野山奥の院では、古来から大師の御入定を騒がすといって、鉢、法螺等の鳴物は使いません。結願の修験者は、心すべきです。

納経帳（御軸、白衣）

　納経帳は、もと廻国行者（六部）が本邦66の1国ずつ、法華経の写経を納めた証しとして、寺社よりその請け取りの宝印を押してもらったことに始まります。すなわち納経請取状でした。

　帳面には、各札所の尊名を書いて宝印が押されるので、極めて清浄に保たねばなりません。仏の御霊が宿っているからです。人に見せることがあるならば、浄き手で取り扱い、香でも焚くべきです。御軸と朱印を受けた白衣も同様です。

　なお、基本的には納経帳1つ持参すればよいのです。

持鈴（もちすず）

　鈴の音は魔を払い、自心、他心を軽安ならしめます。山野の動物が遠くから気がついて難を避けることができる等々の功徳があります。特に深山幽谷の道には鳴らして行くのがよいのです。

　また、霊山霊地に多く行った鈴は、仏の音声としての法力を持ち、まさに迷える衆生を驚覚するといわれます。

清浄な靴（白地下足袋）

　靴は、参拝（修行）専用の清浄なものを用意します。徒歩の場合、靴のサ

イズは日頃履いている大きさより必ず大きめなものを求めます。日頃履いているサイズでは、痘（まめ）ができて、毎朝毎夕、痘の手入れに追われます。できるだけ靴の中の水分が蒸発するような形のものがよいのです。これも痘を避けるためです。

　車の場合は、普通サイズでよいが、徒歩は足が命なる故、特に気を使わねばなりません。また、地下足袋は、山径にはよいが、国道のようなアスファルトの上では靴擦れが起こり、幾十日も歩くのには難しいです。最初から靴を履くのが無難です。帰宅すれば靴も洗い、日用には使用しません。その色は、やはり白色がのぞましいです。

袈裟

　出家者は、いつでも袈裟を身に纏っているのが本儀です。如法衣の場合もあるし、笈摺着用のときは、折五条あるいは小野塚等も掛けます。

　折五条は、五条袈裟（旅、作務用）を畳みこんだ形であり、両方から紐が垂れて１つに結ばれています。輪袈裟は輪の形、小野塚は五条を極めて小さくした形です。いずれも正規の五条袈裟の略形です。

　ただ、在家者の場合、かつての遍路の案内記（真念から中務茂兵衛に至るまで）では、略袈裟の着用は見えておらず、近年に至って、笈摺が聖なる衣として多くの人が着始めました。何よりも背中の御宝号（南無大師遍照金剛）がありがたいといえます。

　さらに加えて、近頃は、在家者に輪袈裟（主に折五条を指す）の着用も義務づけている傾向が見受けられます。大勢の団参の場合、着用している輪袈裟の色で、先達が案内しやすいときがあります。

　ただ、袈裟には、釈尊の誓願がこもるものであり、単なる形式のものとか、目印のものでもありませんので、在家者の着用にあたっては、先達が袈裟の功徳（福田衣）を説いて、粗末な取扱いをせぬように示すべきです。

　在家者の場合、輪袈裟の要・不要は自由です。

頭陀袋（さんや袋）

　頭陀とは、梵語ドゥータ（dhūta）の音訳であり、煩悩を払う、乞食する

の意味があります。

　修行用の袋であり、一般的には、首、肩に掛けます。この袋の中には、線香、蝋燭、経文、念珠などの法具類のみを入れます。

　さんや袋の「さんや」とは、僧の三種の袈裟を入れる三衣袋(さんねぶくろ)が音便化した形です。すなわち、さんね→さんにゃ→さんや、の変化を辿ったと思われます。

　もちろん、頭陀袋と同じような意味合いで、法の物を納めておく袋です。また、さんや袋とは、四国遍路において用いられる独特の呼称です。

遍路の戒律(きまり)

　遍路中の戒律(きまり)は、十善戒(じゅうぜんかい)を基本とします。

　在家者の場合、東南アジアでは一般に五戒(ごかい)(不殺生(ふせっしょう)、不偸盗(ふちゅうとう)、不邪淫(ふじゃいん)、不妄語(ふもうご)、不飲酒(ふおんじゅ))が説かれます。

　この中の酒を飲まないという一戒に注目してください。

　十善戒とは、次のとおりです。

1.	不殺生(ふせっしょう)	生きものの命を大切にする。人間から虫に至るまで。(慈悲)
2.	不偸盗(ふちゅうとう)	与えられていないものを取ってはいけない。(高行)
3.	不邪淫(ふじゃいん)	男女の道を乱してはいけない(浮気は罪です)。(貞潔)
4.	不妄語(ふもうご)	いつわりを言ってはいけない。(正直)
5.	不綺語(ふきご)	ふざけた言葉、へつらい、飾り言葉を言わない。(尊重)
6.	不悪口(ふあっく)	他人の悪口を言わない。(柔順)
7.	不両舌(ふりょうぜつ)	仲違(たが)いをさせるような二枚舌を使わない。(交友)
8.	不慳貪(ふけんどん)	あらゆることにおいて貪(むさぼ)る心(欲心)を起こさない。(知足)
9.	不瞋恚(ふしんに)	瞋(いか)りを起こさない。(忍辱)
10.	不邪見(ふじゃけん)	よこしまな見方、思いを起こさない。(正智)

　以上の十善戒は、仏の教えそのものであり、遍路中にいろいろなことがあっても、この十善戒を鏡として、自分の心を磨きます。

　でき得れば、1番札所等でこの十善戒を授かって、遍路に出立するのが理想です。

④ 遍路用語の説明

お大師さま　弘法大師空海上人のこと。宝亀5年（774）に讃岐の善通寺（旧佐伯宅）で誕生しました。父は佐伯善通、母は玉依御前と申します。大師の御幼名は真魚といい、5・6歳の頃、夢に八葉の蓮花の中で、諸仏と物語りをすることがしばしばありました。また、泥をこねて、仏像を造って遊んだこともあり、両親は貴物と呼びました。また、神童とも呼ばれていました。大師の遊んだところは、現在の仙遊ヶ原あたりとされています。

7歳のとき、現在の73番出釈迦寺の奥之院の崖から、もし後々、私が仏法を治めることができなければ、この命を捨てよう、と諸仏に誓って飛び降りました。そのとき、天人が真魚の身をしっかりと受けとめたと伝えています。その霊跡は、難所にて、行道岩の形をとって、ぐるりと右まわりに繞ることのできる中央に、幼き大師像が安置されています。

その後、京の大学に入りましたが、お大師さまの学力が高く、大学の授業ではもの足らず中退しました。若き大師は、一沙門より虚空蔵菩薩求聞持法を習い、主に四国の山野を跋渉しつつ、その法を修しましたところ、室戸岬の洞窟にて、遂に大悉地（大いなる悟り）を得ました。

31歳に苦難して入唐し、青龍寺の恵果阿闍梨より真言密教の両部の大法を授かり、真言密教の第八祖となりました。帰朝の際、またも海が荒れましたが、波切不動明王を勧請して荒波を鎮め、無事に日本に帰りました。その波切不動は高野山にも、四国では36番青龍寺にも祀られています。

弘仁6年（815）、大師が42歳の厄年のとき、人々の厄難を救わんがために、四国を巡り、88ヶ所を開創しました。その1例として、23番薬王寺では薬師如来を彫り、厄除道場としました。

弘仁12年（821）、大師48歳のとき、勅命により故郷の讃岐の万濃池を修築しました。大師は、その土木の技術を、おそらく中国で学んでいたのでしょう。民衆は、大師を父親のごとく慕ったと伝えています。

承和2年（835）3月21日、寅の刻（午前4時頃）に高野山にて入定されました。御年62歳です。

大師が中国からもたらした真言密教の教えの中心は、即身成仏ということであり、密教によって修行すれば、一生の中で仏となれるという内容です。

逆遍路（逆打ち）　遍路は、どこの札所から打ち始めてもよいのですが、普通は右回り（時計回り）に次々と参拝していきます（順打ち）。それを左周りに打つ方法を逆打ち、逆遍路といいます。
　右衛門三郎の伝説によって、閏年に逆打ちすると功徳があり、お大師さまに遇えるといわれています。

四国の関所　身体的にも精神的にも困難な札所を関所寺といいます。
　阿波は、19番立江寺、この札所はとりたてて山岳の高所に位置するわけでもなく、平地にあるのですが、1番から元気一杯歩いてくると、丁度この立江寺あたりで体に無理が出てきます。そこで、この札所からなかなか前に進めない人もいます。また、土佐は27番神峰寺、伊予は60番横峰寺、讃岐は66番雲辺寺、この3寺はいずれもほぼ山頂近くにあって、昔からの難所です。ともかく、関所とか難所と名のある札所は、油断禁物です。

標石　ひょうせきとも読みます。道しるべの石です。かつて遍路にとって、この案内の石があればこそ、次の札所の巡礼できたのです。といっても、四国の遍路道は、多くの分れ道があり、江戸時代から次々に建立されています。その標石の建立者に、真念、武田徳右衛門、照蓮、川の屋政吉、静道、中務茂兵衛、伊藤萬蔵たちがいます。
　現在も徒歩遍路者は、彼等の功徳行の標石に導かれて歩いています。また、その標石には、和歌、俳句が添えてあるものも残っています。

職業遍路　普通の遍路者と違って、遍路を装って、他人から金品を貰って生きている者のこと。札所の入口などに立っていることが多いです。

善通寺　四国75番札所、香川県善通寺市に所在しています。この寺院は、弘法大師の誕生院とされ、昔から高野山の真言僧は、この誕生院の参拝を目

指して四国に渡りました。したがって、遍路をこの寺から打ち始める人もいます。江戸時代の真言僧寂本(じゃくほん)(1631－1701)は、遍路の案内記(『四国徧禮霊場記(へんろれいじょうき)』)の中で、まず最初にこの善通寺から書き始めています。彼にとっては、この誕生院を88番の中、第1番にしたかった意図があらわれています。しかし、既に1番は、阿波の霊山寺(りょうぜんじ)に決まっていました。

　善通寺の名称は、弘法大師の父親、佐伯善通卿(よしみちきょう)の名に由来します。その屋敷跡に大同2年(807)大師御帰朝後、善通寺を建立しました。地下に戒壇(かいだん)めぐりがあり暗闇を100m進みます。大師幼少のときの楠が現在も繁茂しています。善通寺には、瞬目(めひき)大師と称する弘法大師の自画像があります。

善根宿(ぜんこんやど)　修行者を無料で宿泊させるところ、もしくはそのこと自体をいいます。それによって宿の主は、修行者を助けたという大きな功徳(善根)を積むことができます。また、修行者が御礼に置いた納札を俵に入れて、天井等に吊るす習慣がありました。その納札を俵札ともいいます。その俵は、盗難、火難等より家が護られると信じられていました。

代参(だいさん)　霊場参拝がしたくとも、当人が病気であったり、その他参拝に出かけられない事情のある人に代わって、霊場を参拝することをいいます。

　例えば、四国88ヶ所の代参を健脚の人に依頼したとしますと、それ相当の旅費、お賽銭などを預けねばなりません。かつて代参講(だいさんこう)という講(信仰者の集まり)があり、健脚の男女が村の人々の願意を預り、それ相応の金銭、物品をもらって巡拝しています。

　この場合、あくまでも当人に代わっての遍路ですから、その功徳は願った当人にいきます。代参の依頼によって、難病の治った例もたくさんあります。だだ、代参する人は、頼まれた人の苦しみなどを背負(そうお)って行くわけですから、極めて真剣な心境で参拝することになります。

通夜(つや)　遍路が札所で宿泊することを通夜といいます。かつては88番の札所の多くに、無料で宿泊するお堂(通夜堂)がありました。現在では、12番焼山寺(しょうさんじ)、34番種間寺(たねまじ)、35番清滝寺(きよたきじ)、52番太山寺(たいさんじ)、番外霊場十夜ヶ橋(とよがばし)等に

あります。最近は、遍路者に対する無料宿泊所が少しずつ増えて、民間の善根宿（接待宿）も加え、徒歩遍路も経済的に楽になりつつあります。

発願、結願　発願は願いを発すこと、結願は願いを成就することです。発願寺は巡拝する最初の寺をいい、結願寺は最後の札所をいいます。

賓頭盧尊者　賓頭盧は梵語ピンドーラ（Pindola）の音写。よく本堂の外縁に出されている仏さまを見かけます。その像は、人々が自分の悪いところを撫でていくので、撫仏とも通称されています。所謂、病気平癒の仏さまです。

　しばしば真赤な色で塗られていることもあります。それについて世間では、賓頭盧さんが酒を飲んだので、お釈迦さまに叱られて、本堂の外に出されたともいいますが、それは誤りです。真赤な色は病魔退散の色です。例えば、江戸時代の頃、子供が天然痘にかかると、真赤な蒲団に寝かされました。

　賓頭盧さんは、お釈迦さまの弟子で、ある時俗世の人に神通力を見せびらかして、お釈迦さまに叱られました。その後お釈迦さまは賓頭盧さんに、汝は神通力にて以後、人々を救いなさいと命じられ、賓頭盧さんは仏の世界に行かずに、この世に留まって衆生を済度しています。

　また、賓頭盧さんは、悪魔退散の力も強く、伝説の中には、１番霊山寺の賓頭盧さんに睨まれて、悪人が逃げ帰ったという話も残っています。

　すなわち、正法護持の仏さまでもあります。

札所を打つ　札所の寺院を参拝することを打つというのは、かつて木製の納札を実際に寺のどこかに打ったことによります。現在は紙の納札ですが、打つの言葉が残りました。打ち始め（札所を参拝し始める）、打ち納め（最後の札所を参拝し終える）、打ち留め（その日はその寺院で参拝し終える）、打ち戻り（来た遍路道を途中まで戻って、次の札所に行く）、通し打ち（88ヶ所すべてを一気に打ってしまう）などの言い方があります。

仏足跡　仏足石とも書きます。古代のインドでは、釈尊のお姿を彫る習慣はなく、お姿のかわりに、仏の御足、菩提樹、法輪などが信仰の対象になって

いました。しかし、ガンダーラ地方にギリシャ文明の影響によって、釈尊像が彫刻されはじめました。仏足跡は、インド，東南アジア、日本など、現在もなお釈尊として崇拝されています。最近の四国札所には、インドのブッダガヤ大塔（正覚地）の前に安置してある片足の仏足跡（四世紀半ば）の摸刻が安置されています。もちろん、昔から仏足跡を安置してある札所もあります。

遍路ころがし　遍路道が急勾配のときは、ころがるようになります。下りはもちろん、登るのも困難です。香川県の五色台から80番国分寺に下る道は、遍路ころがしで有名でしたが、近年階段をつけて転ばないように整理しています。その他、60番横峰寺、66番雲辺寺、20番鶴林寺から21番太龍寺に到る遍路道など、急勾配の難所の道を指します。

遍路の荷さがし　お遍路さんはリュック等の中に、旅の荷（道具）を一杯詰めています。したがって、宿に着いたときなどに、すべての物をひっくり返して捜さねばなりません。この様子を俗に遍路の荷さがしというのです。

遍路は橋を渡るときに杖をつかないこと　伊予の番外霊場、十夜ヶ橋の下では、お大師さまが眠っているところから、杖をつかずに渡ります。ところが、いつの間にか、四国のすべての橋を渡るときは杖をつかないという風潮が目立ち始めました。杖をついてはいけないのは、十夜ヶ橋の上だけです。

遍路中の苦痛を治す方法　札所の仏さま、特に薬師如来、弘法大師の堂に、自分の痛いところ、苦しいところを数え年の分だけ白紙に書いて、お願いします。白紙のないときは、納札の裏に書くこともあります。例えば、いきなり耳が痛くて困ったというとき、白紙に耳の字を当人の数え年（1例・35歳）の35回、耳、耳、耳…といった具合に書いてお願いします。これは遍路の昔からの風習の1つです。札所では、この祈願の紙をよく見かけます。私もこの方法で痛いところが治った経験があります。単純な迷信のようですが、昔からの習俗には、仏の慈悲がその作法を認めています。

6　四国徒歩遍路日誌

（以下の遍路日誌は、平成 11 年 10 月〜 11 月 19 日のものを収録しています。金額や数値等は、当時のものです）。

■ 平成11年10月8日

　高野山奥の院参拝。

　明日は、6度目の四国徒歩遍路に発つ予定です。

　衣体は、托鉢衣（茶）、脚絆、白靴、法具としては錫杖、網代笠、頭陀袋、鈴、札挟、納札（別にろうそく、線香、賽銭等）その他の必需品はすべてリュックに詰めています。

　夏の徒歩遍路者の話によると、ゴアテックスの雨ガッパ上下を寝袋がわりとしたということから、それを買い込み寝袋は置いていくことにしました。それは、私が北海道生まれであり、極めて寒さに強いという下手な自信があったからです（実は四国も高所では初冬に入り、寝袋なしでは野宿は無理でした）。

　また、今般の徒歩遍路は、夕方に知人宅にさしかかったとき以外は、できる限り野宿形式をとることにしました。それによって、少しでもお大師さまの御修行を偲ぶよすがとせんがためです。

■ 10月9日

　午前8時に高野山駅に着いたとき、蓮華定院の大奥さんが私の托鉢姿を見て「どこに行くの」と聞かれたので、「四国へ」と答えると、「御接待」として金一封をくださいました。

　和歌山港、徳島港、徳島駅と乗り継ぎ、板東駅に着きました。かかった費用は総計4,560円。

> 発心の地

　午後2時15分、板東駅より歩き出しました。

　1番札所・霊山寺は、参拝者で溢れていました。近年の四国道中修行（托鉢、門付け）として、最低1日に3軒（あるいは7軒）は回らねばならないとの言い伝えがある故、早速3軒の托鉢をします。

　4番大日寺に到着したときは、午後5時を過ぎており、門は閉鎖していました。しかたなしに外から大声で本尊・大師に読経。寺の者が何事かと顔を少し出していました。

とっぷりと暮れて、5番地蔵寺に行きます。しかし、ここは門は開いていたので、ありがたく堂前にて読経。

　門のところに、1人の遍路が、そこでお通夜（泊まること）すべく腰を下ろしていました。彼も徒歩遍路は6度目。足が強いせいか、安っぽい靴に素足です。足の皮が分厚くなっていると思われます。後で聞いた話ですが、その夜、今1人の野宿遍路とともに、住職の案内で堂内に泊まらせてもらったとのこと。ありがたい住職です。

　午後7時過ぎ、6番安楽寺に着きました。

　副住職の秀峰師は、知己の間柄ですので、その夜は彼の書斎で四国遍路の研究を聞きました。彼は、四国遍路の歴史的資料をコツコツと貯めており、年表を作成中でした（翌年出版）。彼の独特の四国の歴史観としては、四国から見た日本仏教史ということであり、日本仏教に名を馳せた高僧、聖（ひじり）、修行者たちの多くは四国の霊場を参拝しており、その点を見逃さずに、四国霊場の日本仏教史における地位を重んじよう、高らしめようという視点です。

　私も最近、四国遍路について研究していることもあり、話に熱が入り、終わったのは12時頃。私は、旅の途中なので、急いで寝ました。読経は、翌朝の予定。宿泊は、お接待。

　　　コスモスを分ける錫杖遍路みち　　　證善

■10月10日

　晴。7番十楽寺への途、真念道標再建と刻む願主、照蓮の千躰（しょうれん せんたい）大師の道標を確認。この道標は、四国のあちこちに存在し、かつては重要な道標でした。

　また、8番熊谷寺への途中には、中務茂兵衛（なかつかさもへえ）の道標が目に映ります。彼は、四国霊場を280回巡拝し、多くの道標を建立しました（明治・大正期）。今では、故郷の山口県大島に茂兵衛堂が建てられています。その最後の道標は、大正10年建立、279回目のものであり、香川県白鳥町方面に2基建っています。

　さて、道標を見ていると、徒歩の若い在家遍路者と会いました。彼は、

88番を打ち終わって御礼参りへ1番に向かう途中でした。「遍路結願してどうでしたか」と尋ねると、意外な返事が返ってきました。「はぁー、あまり面白くありませんでした。遍路中は次の札所へ、次の札所へと急ぐばかりであり、とりたてて何の変化もなしにただ歩くだけでした」。

「貴方の遍路は、初めにどのような目的をもって回り始めたのですか。最初にきちっとした巡拝の目的を持たないと、折角日数を費やして巡っても、心の中に有難みが湧いてくるのは薄い、といわねばなりませんね」と修行の基本を少し語りました。

この若者は、おそらく、何となく何かよいことでもありはしないか、といった心で巡拝したのでしょう。心経も真言も唱えたとはいってはいるものの、今回は目的意識が今ひとつ定まっていなかったから、結願しても心に感動するものがなかったのです。しかし、この仏縁が今後どのように当人に花開いていくかは、仏のみぞ知るところです。

10番切幡寺の山道では、10月というのに蝉が想い出したように鳴き出しています。きょうは、暑い日です。

　　十月の蝉が迎ふる徒歩遍路　　證善

11番藤井寺への途、川にさしかかります。何と橋の袂(たもと)に、とてつもなく大きな白い茸が、傘をもたげています。その直径は約30㎝。横に錫杖を置いて戯れの記念写真。

この橋は、細く潜水橋であり、対面から車がくると、歩行者が避けられない箇所もあるため、私はコンクリート橋の端の上を歩きました。その直径は約15㎝。まあ、下に落ちても死ぬことはないであろうという、腕白坊主時代の変な自信がありますから、いつものことです。車が気の毒がって、ゆるりと通り過ぎてくれます。

しばらく行くと、道の横の湿地に、何と10月の小蛙がざっと100匹以上、およそ今年生まれた仲間でしょう、皆揃って水より頭を上げ、黙って光を浴びています。

　　百匹の蛙(かわず)並びて冬日浴ぶ　　證善

藤井寺にて読経が済んだのは、午後5時前、ひと雨来そうな気配です。私は、野宿覚悟なので、「奥の院あたりで寝たいのですが、よろしいでしょ

うか」と一応納経所に声をかけると、「あそこは蚊が出るからだめ」とやさしい断り方でした。ではと、山に登って行こうとすると、納経所の人は、居合わせた女遍路者に「今から登るのはどうかねえ」と相談しました。

　すると女の遍路者は、私を一瞥（いちべつ）して、初心者遍路とでも思ったのでしょうか。「この山の上に行っても何もないよ」といかにも馬鹿にした口調でものをいいます。徒歩のみでは6度目ですので、どこに何があるか見当はついているのですが、私は何も言わずにいると、端に藤井寺の住職がいて、本堂の扉を閉めたあと、本堂の縁先で寝かせてやるとのことでした。その言葉は極めてありがたかったのです。

　しかし、どうもその態度もめんどうくさく見てとれましたので、迷惑をかけてはいけないと思い、私はさっさと次の札所を目指して山に登りました。

　といっても、むろん日暮れの今では辿り着くことはできず、目的はこの山上の見晴らし台で寝ることでした。八方吹き晒しですが小屋根があり、コンクリートの椅子の間に何とか横になることができました。川島町のネオンが美しい。大きな薮蚊がいくつも飛んできたものの、おりからの強風で、さほど払う努力をせずにすみます。時おり大粒の雨が少し降りましたが、すぐに止みました。

■ 10月11日

　長い山路の一隅に清水が湧いていましたので、たまらず手に掬（すく）って飲みました。獣の足跡がありますので、彼等にとっても命の水のようです。そのそばを沢蟹が歩んでいます。よくみると小さな団栗を挟んでいます。山蟹の食料に、団栗もあるという事実を初めて知りました。驚きでした。

　今少し行くと、何と大きな蟇が私を待っていました。約25cmくらいはあり、目を細めると蟇の上に蟇仙人が乗っているようです。ちょいと頭をつついて先を急ぎます。

　息喘（あ）えぐ中、12番摩盧山焼山寺に到着。摩盧山とは弥山（みせん）と同じ意で須弥山（Sumeru）の略称です。普通は迷盧と音写すべきところ、迷

善根宿（接待宿）

の字は山中では縁起の悪いこともあり、摩廬の字を当てたのです。

　焼山寺参拝後、善根宿の河野幸雄氏宅に寄りました。五右衛門風呂とは洒落ています。古の旅情を味わいます。氏より自ら栽培した数珠玉でつくった数珠を一連接待されました。今の世には珍しいものです。それにしても河野氏は、徒歩遍路者のために、何と3か所の宿泊所を設けているのには驚きました。

■ 10月12日

　徳島の市街を過ぎ、恩山寺前のバス停で泊まりました。小川で濯いだ洗い物をそこら中に干しながら…。少々雨が降ったものの、まあ小屋根があるだけよしと思わねばなりません。

■ 10月13日

　朝、19番立江寺(たつえじ)へ行きました。白い水鳥を見なかったので吉の日です。その白い鳥を見たならば、この先の旅は要注意です。それがこの地の伝承です。また、この立江寺は、阿波の関所とされます。平地ですが、旅の疲れが足腰に出て、運が悪ければ先に進めません。

　私も最初の遍路のときは、すっとばして歩いてきたせいもあり、足の痛みがどっと出て、立江寺出発の当朝、何となくきょうは足が痛んで歩けない気がしましたので、山門の仁王さんにその旨をしっかりお願いをしました。そして鶴林寺の麓にさしかかったとき、案の定、足が痛んで動けなくなったのです。

　そこで、私は、地べたに坐りこんで、立江寺にふり返り、「仁王さま、どうか助けてください。足が動きますように」と祈り、般若心経3巻を唱えました。それから立ちあがり、ゆるゆると足を動かすと、何とか歩くことができました。そしてそのまま、慈眼寺に到達しました。2回目に立江寺に来たときは、むろん御供物を供えて、仁王様に御礼読経したこと、いうまでもありません。

　ところで、別格霊場の慈眼寺は、古来から穴禅定で名を馳せています。初心者がうっかり1人でその穴に入ろうものなら、とんでもない目に会うで

しょう。

　かつてある遍路者からその穴に入り、難儀したことを聞きました。何でも彼は、連れの男性と2人で穴に入ったそうです。2人とも初めてでしたが「まあ穴くらいなら…」という安易な考えが、極めて深刻な事態を引き起こしました。彼らは、穴に入るや否や、体が岩でつっかかってしまい、身動きができない状態におちいったのです。

　そのうち、片手にもった小さなローソクも消えてしまって、暗黒の世界に置き去りにされました。2人とも、必至になって「南無大師遍照金剛」を唱え続けました。しばらくしてやや落ち着き、体も柔かくなり、やっとのことでくねくねとした岩穴を抜けて、奥の広い空間に出ました。そこで彼らは、2度びっくり。その穴は引き返さなくてはいけないのです。

　実は、その広い空間に現在は霊水がポタポタと滴っており、ありがたく頂戴できるものの、弘法大師の時代は小さな滝があり、ここで滝行をして禅定を修したという伝承があります。彼ら2人は、やっとのことで抜け出た岩の曲り穴を、また必死の思いで引き返しました。元に戻って青空を見たときは2人とも、大きな溜息をついたといいます。

　私の場合、2度目からは、先達なしで1人で入っています。むろん、四つん這いになりながら…。今回は、この慈眼寺を遠慮して、直接20番鶴林寺（かくりんじ）に登りました。鶴林寺山腹の水呑大師の清水は誠に臓腑にしみます。かつてこの場所で順打ち3度、逆打ち1返目を連続で歩いている69歳の老人と会いました。1日の距離60kmのペースというから驚きです。

　四国に来るまで秩父霊場を108度回ったといいます。その姿は、笈を背負い、靴と靴下を笈に付けて干しています。毎日、靴も靴下も取り替えると長持ちするとか。この人から私は、足の痘のできぬ方法など、ありがたい話を聞きました。白髪でしたけれど、まさに仙人の風貌を備えていました。

　寺の金木犀に心を洗われ、21番太龍寺（たいりゅうじ）に向かいます。四国でも極めて古い丁石が立っています。この道も険しいです。太龍寺は、弘法大師求聞持法の霊跡。南舎心ケ嶽には近年、大きな大師像が建立されており、そこに行き読経。また、そこから大師像の視線で下方の山々を眺めます。まさに絶景にて、自らも千返ほど、虚空蔵求聞持の真言を念誦しました。誠に気持ちがよ

10月11、12、13日

いのです（ちなみに私は、求聞持法を5度成満しています）。反対側の巌には、その昔、狼が棲んでいたといわれています。

　　狼の巌（いわ）より高し大師みち　　　證善

　この寺の下方に、かつては竜の窟と名づく霊跡があったものの、石灰業者の土地のため、近年爆破されてしまっています。そのとき、無神論者を選んでその爆破工事を決行させたところ、数人の人夫は原因不明の熱病で死んでしまったそうです。

　昔の納経帖を見ると、竜の窟の宝印もあり、またここから明治の金札遍路者番付一覧表が出ていました。遍路の歴史にとって貴重な資料となっています。ちなみに、そのとき（明治28年）の巡拝者の最高度数は、199度。信州戸隠中村、行者光春とあり、例の茂兵衛は137度でした。太龍寺を下って山麓の竜山荘に宿泊。このあたりに野宿の場所はありません。

　　霧を吐く蝦蟇（がま）と遇ふ道大師みち　　　證善

　竜山荘の夕食のとき、同じく徒歩遍路の人たちが数人いました。その中で、広島市の倉田一夫さんは78歳。若いときに柔道をしていたという方で、藤井寺から焼山寺の山越えも、鶴林寺から太龍寺の山道もずっと歩き通して来たというから驚きでした。今般は、阿波一国、すなわち23番まで打って帰るという方でした。

　出会う人が多いといろいろな情報が交換できます。その中で驚いた話が2つほどあります。1つは、本春、28歳の女性が、すべて野宿形式で88ヶ所を打ち終えたという話。もっとも、いくつかの善根宿もあったのではないかと思われます。それにしても、一夜の宿も遠ざけて、若き女性が野宿とは、男の我々が現在宿をとっているのが恥ずかしい気持ちがしました。

　今1つは、徒歩回数60数度の人がいたという話。その本人の談によると、「おそらく私が徒歩回数では現在最も多いのではないか」、と語っていたという。さもあらん…。今頃は、車で何百度という人もいるにはいますが、そういった人たちは、すぐ巡拝回数の多い錦札をちらつかせて、どうしても慢心が見え隠れします。

　聖跡の巡拝は、インド（釈尊遺跡）の昔から、歩いて行くことが最大の供養とされています。したがって、遍路の回数を厳密にいうならば、あくまで

も徒歩の回数のみであり、車での満行は回数には入らないのです。その点から論じるならば、錦札はとりたてて必要のないものでしょう。錦札をもらって喜ぶ我々の心も戒めたいものです。欲のとりこにならないように…。

■ 10月14日

　23番薬王寺に急いでいる途中、突然左足の関節がじくじく痛み出しました。かつて故障した箇所です。この数日、重荷を背負って山道を上下したので、古いスネ傷もびっくりしたのでしょう。少し休憩していると、78歳の倉田さんが追い抜いて行ってしまいました。

　やっと日和佐に辿り着き、薬局に行くと、そこの主が「痛みをとる薬はありません。足を休ませることです。お遍路さんにいつもそう言っています」と。それはそのとおりですが、遍路の足は休ませるわけにはいきませんので、またしばらく歩き、無人駅のベンチで寝ました（そのときには既に「善根宿橋本」があったので、行くべきでした）。

修行の地

■ 10月15日

　お接待の車があって、一気に室戸岬に出ました。徒歩だと2日半かかるところ、車ではわずか数時間で行ってしまったのです。実は、今まで5回の徒歩遍路は、「車のお接待があってもお断りする」という信条で、車には一切乗りませんでした。しかし、6度目の今回は、「車のお接待を受けて、その人の功徳とする」ということで、あえてお断りはしませんでした。

　たまたま乗せてもらったこの室戸岬の道は、大正期に至るまで、四国最大の難所でした。「飛び石、跳ね石、ごーろ、ごろ」という文句ができているほど、海岸の石を飛んだり跳ねたりしつつ、ごろごろと石引く波の音を聞きながら、さみしくかつ険しい道のりでした。

　この最大の難所に対してお接待所を設け、さらにここを通る遍路を護る志をもって、土中入定を果たしたのは、仏海上人（1710－1769）です。現在の入木の仏海庵が、かつてのお接待所であり、その裏に仏海上人の入定塔があって、遍路者を見守っています。今回は、車中より合掌。

想い出させるのは、かつてこの仏海庵の近くで托鉢をしたときでした。みすぼらしい小家に托鉢に行ったとき、その母屋の左横に豚小屋がありました。豚小屋

御厨人窟

の中には母豚と子豚達が昼寝の最中でした。その中、目ざとい１匹の子豚が、私の衣姿を見て目を丸くしながら、網越しにぶうぶうと啼きました。すると２匹目の子豚がそれに気がつき、また目を丸くしながら、ぶうぶうと啼きました。続いて３、４、５…とすべての子豚が目覚め、網越しに可愛い顔を並ばせました。最後に母豚まで起きあがって、何事かと私を見つめています。

　私は、子豚たちの視線を浴びつつ、心経を快く唱えました。母家の人は出てこなかったものの、子豚たちが無言で私のお経を聞いてくれました。豚小屋を離れるとき、私は子豚たちに「さようなら」といいました。後に訪れる子豚たちの悲運が脳裡を横切ったのです。

　続いて、弘法大師が求聞持法をされた御厨人窟（みくろど）を参拝します。この御厨人窟を中心として、室戸岬は聖地と尊ばれてきました。何よりも若き日の弘法大師が虚空蔵菩薩求聞持法を修して、悉地成就したからです。しかも、海岸道の難所がきつく、簡単に到達できるところではありません。体力に自信のない遍路は、江戸の昔から室戸には船に乗ってやってきたほどです。

　さて、洞窟の中に入ると、蝙蝠が岩窟の天井で啼いています。

　　　蝙蝠か聞持のこゑか室戸窟　　　證善

　土佐の御寺は、まだ暑さが続きます。

　　　秋の蚊の唸りをあげて室戸崎　　　證善

　金剛頂寺の御住職の話では、大師が悉地成就した求聞持洞窟は、鎌倉期の伝では金剛頂寺の下の不動窟、室町期の伝では大師一夜建立の岩屋、そして

80　6　四国徒歩遍路日誌

江戸期の『南路誌』によると現在の御厨人窟になるそうです。

　金剛頂寺を参拝してから、海に入って禊をします。ついでに川で洗濯。その夜は、安田町国道のバス停で野宿。ところが、道路を挟んでもう1つの待合所があり、数名の男女が夜中の12時を過ぎても、大声で楽しく騒いでおり、おまけに国道を走るダンプカーの振動が、バス停の長椅子を揺るがして、一睡もできずに夜明けを迎えました。膝の関節はよくなったのに、今は腰が痛みます。

■ 10月16日

　土佐の関所、神峰を登ります。山頂の名水は、実においしい。88ヶ所の中でも、そのうまさは、3本の指に入ると思われます。途中の山畑では、梅数本が狂い咲いていました。

　土佐の関所を過ぎてなお腰が痛みます。少し荷を減らして宅急便で送り返しました。よってリュックの重さは、12kg程度。かつての自身にひき比べると、誠に情けない限りです。疲れた身を満開の木犀の香りがやさしく包みます。

　途中で行き交う徒歩遍路は、僧、半俗半僧、男女とその風態もさまざまです。十年ほど前には、天海坊と名乗る年中遍路の老人が、真赤な錫杖を小車に縛りつけて、コロコロと引いてゆく姿によく出くわしたものです。赤ら顔で、誰にでも親しく話しかけてきました。ただ、彼はちょっとした煩悩が出て、かの有名な仏海庵の数珠を持ち出して使用していたのを、讃岐で見つかって、大いに叱られたという話です。

　ここ安芸市を通ると、ふっと想い出すことがあります。平成3年の夏、例年の如く高野山大学生を連れて徒歩遍路に出ました。昭和21年生まれの私と、20歳前後の若者とは、むろん歩くスピードが違います。先達の私を追い抜いて前方に行きたいのを、大学生たちが遠慮しているのはいうまでもありません。そのようなとき私は学生たちに先に行かせます。数時間歩いていると、いつの間にか私一人が随分後方にぽつんとおります。年齢の相違だからやむをえないと思いながらも、先達として少々情けない気がしないわけでもありませんでした。

あるとき、国道を歩いていると、国道は大きく左曲りしているものの、まっすぐに丘を登る旧道（遍路道）が目についたので、それを登りました。しばらくどんどん行き、国道に出ました。

学生たちの姿はむろん前方に見えず、私はてっきり引き離されていると勘違いをしたのです。しばらくそのまま歩いていましたが、どうも雰囲気がおかしいのです。というのは、彼等が先に通ったとは思われないからです。

さてはあの曲りで私が彼等を追い抜いたのかもしれないと思い、道々に白装束の学生遍路衆のことを聞きましたが、見ていないと口を揃えていうのです。やれやれ、今度は私が勝ったと優越感に浸りながら、一気にその日の宿まで達しました。

1時間半ほど過ぎてから、彼らがやってきました。聞けば国道の曲り角で私を待っていたのこと。私はそのとき、彼等に追いつこうと必死だったので、心の余裕がありませんでした。後で考えると、大人気なかったけれど、近道を通って彼等を出しぬいたことは、幾分面白くもありました。

　　懐っこく蹤（つ）きくる鳶や海遍路　　　證善
　　接待の潮（うしほ）で洗ふ柿二つ　　　　同

柿を洗うついでに、汐に熱き身を浸します。昼刻、道端の丸太に腰かけて弁当を食べようとしたところ、「私の家にどうぞ」と年輩の婦人が声をかけてくれました。ご主人は警察官、多趣味の方だそうで、ご主人が彫られたというお盆で、ジュース、お茶のお接待をしてくれました。玄関先に座っての昼食です。

午後3時半頃に28番大日寺に到着。そこでは、親に連れられた幼い子遍路の、寺の石段を一段ずつ休んではまたのぼるという仕草が、まことに愛らしく映りました。

さて、本日の宿泊は、土佐山田町岩次の遍路無料接待所・都築靖夫氏宅です。以前に高野山大学生を連れて氏の宅の前を通りかかったところ、各々に冷たいジュースをお接待してくれました。そのとき、私の持参していた『徒歩遍路地図』のコピーが欲しいとのことで、後日送ったことがありました。

電話をすると奥さんが出て、私のことを覚えていてくれました。夕5時半、都築氏宅に着きました。薄暗い夕刻でも一生懸命、夫婦ともに農作業

をしていました。いつものことです。以前は素足で働いていましたので「エライ頑張る人だなあ」と思っていたところ、何と今般その真実がわかりました。氏はそのおり、全くお金がなくて、数か月も自分の靴すら買えず、素足で働いていたのです。

　しかし、そのような日々でも、お遍路さんに対するお接待だけは止めなかったというから驚きです。通りすがりのお遍路さんにはジュース、もしくはコーヒーを、宿泊者には食事付の無料接待。氏は極めてまれな大師信者であり、石鎚山の行者でもあります。

都築氏御接待所

　話を聞くと、遍路の宿泊専用の部屋を2棟新たに建て、その後なお宿泊者が増えるので、2階をこしらえて5部屋増築したとのこと。しかし、不思議なことに新しい部屋を増やすについても、必ず誰かがそれなりの材料をもってきてくれて、極めて安上がりになるという話。ありがたいことです。

　都築氏の信仰は、極めて篤く、よく働いて施しをすることを、利他行の基本としているようです。また、修行の体験をいろいろと話してくれました。氏は、都築家に養子にきたものの、義父がなかなか修行の日々をくれず、あるとき義母が胆石のため、氏は42歳の厄除けも兼ねて四国遍路を思い立ったところ、やはり義父は反対しました。しかし、妻の胆石が全快する自信があるならば遍路に行ってもよいということで、医者から入院手術を勧められている義母のために四国を遍路したのです。

　巡拝後、義母をレントゲンに撮ったところ、全快しており、医者も仰天。盛んに首をかしげていたという話です。それから義父の信仰に対する態度が変わり、都築氏も自由に修行ができるようになったといいます。あるときは、子息がバッティングマシンで後頭部を打たれ、普通は即死に近いところ、全くの軽傷で済み、それを助けたという仏の霊示があったという話もあります。

　その都築家には、毎日といっていいほど、徒歩の遍路がひきもきらず、当

日も私を加えて4名。そのうちの青年僧は、足の爪を大分剥がしていましたが、それでも1日40kmの行程です。また、平成7年には、約100人の宿泊者がおり、平成11年は、ほぼ400人に達する勢いであり、青い瞳の遍路者も泊まるとのことです。

最近ではオーストラリア人が夕飯7杯、朝飯5杯おかわりして皆を驚かせました。そのとき、都築氏は「もっと食え」といったといいます。こういった話は、すぐに徒歩遍路者の間に伝わります。

都築氏は、このようにお接待する心境として、「我は親である」という信念があるといいます。流石に一切平等に宿泊と食事を施す人の心境です。

■10月17日

強風が吹き荒れる日です。29番国分寺、31番竹林寺、32番禅師峰山を打って石土神社のコンクリートの上で野宿、他に今1人の遍路もいました。

強風の中、寝袋がありませんから寒かったです。それでも、紺紙金泥の写経を夢にみたのは、ありがたかったと思いました。

　　星の秋金泥経を夢うつつ　　　證善

■10月18日

昔からの遍路道は、左手に浦戸大橋を見て、無料のフェリー。しばしの時間待ちを利用して靴下を洗濯する。コンクリートの上に干しました。ところが、情けないことにフェリーがきたとき、慌てて干してある靴下をとり忘れてしまったのです。戻るわけにも行かず、そのまま。33番雪蹊寺に到着。

この寺は、裸足で8度四国を巡拝したという山本玄峰老師が拾われた寺、「学問もないのに仏の道に入れるか」という玄峰師の質問に対し、当時の住職は「学問がなくとも悟ることができる」と答えました。その後人一倍努力して、遂に玄峰師は大悟された。後には臨済宗の管長に就任した徳者です。

晴の夕、35番清瀧寺に登る。高岳（真如）親王出家の寺にて有名。清瀧寺はその名の如く、滝が本堂奥の山から落ちており、その盥にも、蟹が泳いでいます。

本日は、ここの通夜堂を借りることにしました。中務茂兵衛の100度目の巡拝の道標があります。

盥（てあらひ）に泳ぐ山蟹清瀧寺　　證善

■10月19日

　茂兵衛の道標には「うぐいすやほふ法華経の別世可以（せかい）」と添句があり、遍路者は須らく鴬の心境で巡拝すべきであるとの由。

　36番青龍寺に向かいます。山越えの塚地峠に、弘法大師書様の南無阿弥陀仏の名号が、石に彫られています。舟板の名号と名づけられる最も有名な書様です。別に大師書様の六字名号として、利剣名号があり、京都の知恩寺から発生、四国路では江戸期に仏海上人が用いました。

塚地峠の名号石

　同じく円形字名号というのもあり、太山寺、石手寺、泰山寺などに、彫られたものが存在しています。ともあれ中世の阿弥陀仏信仰は、大師信仰と絡んで四国路に溢れています。左下方の車道は、ガソリンの青い煙がトンネルの中より噴き出しており、徒歩では命を縮めるようなものです。よって険しくとも、徒歩では峠越えに限ります。栗の実を拾いました。

　　　栗の実を力拳（こぶし）に峠越ゆ　　證善

　峠を下りると、1つの石碑があります。江戸末期に大津波があり、多くの人々が波に呑みこまれましたが、その災害を記録した碑です。こんなところにまで津波が押し寄せたのかと仰天です。

　もう海が近い。宇佐大橋に着きました。この湾は、極めて入り組んでいます。横波三里といわれ、今では大橋で車も渡れますが、昔から渡船の場として有名でした。その頃の渡船者の権利は面白いのです。大師を渡したという船頭の子孫達は八人衆と呼ばれ、最近まで渡船の権利をもっていたのです。お大師さまへの功徳が後代にまで及んでいました。

　さて、宇佐の大橋がかかって気づいたことは、車の害が甚しいことです。対岸の青龍寺の近くに、有名な古代蜻蛉が生息しているトンボ公園があります。かつて黄色い小さな蜻蛉、すなわち古代蜻蛉をじっくり観察したことがあります。また、揚羽蝶も悠々と飛んでいますが、最近まで車がさほど通ら

なかったため、蝶が車にぶつかって多く死んでいます。沼地の自然地に突然遍路の車が出現したため、まず蝶が犠牲になるのです。

こういったことは、徒歩によらねば気がつかないことなのです。こうなると大橋をかけたのは、良かれ悪しかれです。人間のみ、遍路のみの便利さが、尊い昆虫の命を奪ってしまっています。人間の便利主義は、命をつなぐ自然環境を破壊します。

36番青龍寺(しょうりゅうじ)参拝後、夕方となったので近くの廃れた子供公園に行き、ステンレスの大きな筒の中にもぐりこみ宿としました。この日は強風が続き、筒の中に風が素通(すこぶ)るので頗る寒いのです。捨ててあった泥まみれの布袋を、筒の両側に当てて眠ることにしましたが、その隙間から、強風に揺らぐ星座が美しいと感じながら、結局まんじりともせず朝を迎えたのです。北海道と高野山の寒さに耐えた私でも、やはり寝袋がないと寒すぎました。

「青龍寺」の扁額

お遍路に銀河の衾(しとね)ありにけり	證善
南国の星座揺るがす野分かな	同
初鴨や靄(もや)月光に炎えそむる	同
凡身を貫く辺路(へじ)の月の光(か)ゲ	同

■ 10月20日

晴。早朝、今1度寺の本堂に登りました。至心に読経すると、不動明王の大慈悲心が、越法罪にまみれた自心を洗って下さるのです。涙が出て止まりません。誰もいませんので安心して泣けました。この明王は、波切不動であり、荒れ狂う波を切って大師を助けたことで有名です。

寺の名も中国西安より来たるもの。したがって、不動の神通力偉大です。

また、青龍寺には、恵果和尚堂があり、青龍権現も祀られているのが特色。山の上の奥の院は、黒汐の断崖の上に位置しており、珍しいことに守護の天

狗の石像が三体、小堂の横に立っています。ここの参拝は、裸参りのしきたりがあります。午前8時50分、寺を去ります。

　今日は、日射が強く、海水で身を拭います。お接待の車があって、37番岩本寺に午後4時着。徒歩であれば2日かかるところを、1日で着きました。読経後、夕食は橋の下でパンをかじりました。川風が強く、とてもこの橋の下では眠れそうにないので、窪川駅に行きました。駅員に今晩のみ構内のベンチで仮眠させてくれないか、と頼んだところ、外のベンチで寝てくれということでした。

　その夜は冷えて冷えて、少し霧が立ちこめる状態でした。寒くて夜中に何度も目を醒まし、うらめしく構内を見つめる私でした。寒くなったお陰で、大嫌いな蚊が1匹も出てこなかったのは、不幸中の幸いでした。まんじりともせず朝を迎えましたが、身にかけたカッパにも露が生じていました。

　　　露を噴く躬となる樹下の仮寝かな　　　證善
　　　通夜の身に露のこゑごゑひびきけり　　　同
　　　恍惚と露が旭に炎ゆ畦遍路　　　　　　　同

■10月21日

　窪川駅は少々小高い場所にあり、午前中に会った古老の話によると、「あそこは寒い」ということでした。駅の外で寝袋なしで寝た話をすると「そんな無茶な」。

　ここは窪川より下がった谷あいですが、昔このあたりは遍路の宿泊所とか。食物の販売（といっても道端の無人販売所）で貴重な現金収入があったとのこと。ということは遍路は、必ずしも乞食ではなかったわけであり、四国の田舎にも、結構うるおいをもたらしていたのです。

　また、多くの道標も立っていましたが、この老人と話しているところにも、やや大きな石標があったものの、近年の道路工事で埋められているといいます。現在、四国の道標は、いきおい文化史的価値が認められています。

　佐賀温泉に入りました。500円也。ついでにこっそりシャツおよび靴下を水で洗濯。

　四万十川の下田の渡し船は、徒歩の遍路のみに限って無料。一般の人は

100円です。1日5便であっても、遍路者はいつでもオーライ。定員13名の小さな船ですが、船主の片岡正夫氏の溢れんばかりの親切心が、大型船よりもゆったりとした解放感を与えてくれます。

　徒歩遍路は無料という御四国独特のお接待に篤く合掌しました。すべてが金ずくめの現代にあって、極めて奇特と思うのは私だけではないでしょう（参考：この渡しは、平成17年12月に閉鎖されました）。

　夕方遅く、中札所として名を馳せている真念庵に到着。真念庵とは、江戸期、高野聖と思われる大阪出身の僧、真念の建立したお堂です。真念（～元禄4年〈1691〉没）は、高野山の学僧・寂本や奥の院護摩堂の洪卓と親密で、寂本の協力を仰いで四国遍路案内記の出版に力を注ぎました。『四国邊路道指南（しるべ）』『四国徧禮霊場記（へんろ）』『四国徧礼功徳記（へんろ）』の3部はその結晶です。

　ところで、前述の中札所とは、37番岩本寺から38番金剛福寺の中間にある札所。また、38番から39番延光寺の中間にある札所という意です。ともあれ、現在ならば、岩本寺から3日がかりで足摺の金剛福寺に歩くのですが、その途中、この真念庵にて通夜、かつ足摺から打ち戻って、またこの真念庵にて通夜して延光寺に向かうのであり、既に江戸期よりこの方法が言い伝えられています。

　さて、この中札所の真念庵の入口には、次の看板が立っています。

真念庵と御本尊地蔵菩薩

　この地蔵菩薩は、大師の御作で四国88ヶ所御開創の砌（みぎり）、足摺山への長丁場に悩む人々のためにこの地に庵を結び本尊を刻んで安置せられた霊場で、その後真念法師が高野山から等身大の大師尊像を背負い当庵に来て37、38、39番の中札所として草庵を結び、打戻り大師と申されましたが、その没後真念庵の名を生ずるようになりました。

　当市・野瀬地区は、三度栗の本場として名高く、大師御巡錫のとき、子供が栗を大木の下で拾っていたので、1つ乞われますとその子供はたくさん御上げしたので、大師はその可憐な心に感じて、来年からはもっと木を小さくして年に3度ずつ取れるようにして上げようと申され、翌年からは、2、3尺ばかりの木に1年に3度ずつ実を結ぶようになったということです。

また、現在、境内に食わずの梨として、この大師堂のそばに1本残っています。その梨を大へんおいしそうに食べている者がいましたので、大師は1つくれと乞われますと、非常に欲深い者だったので1つも差し上げませんでした。
　そこで、このように心がけの悪い者が世にはびこっては大変だとお思いになって、翌年からは不美味で全く食べられなくなったといわれています。
　三度栗と対照的に個人主義的な人間が段々多くなっている現代社会にとって大いに反省すべきことだとつくづく感じます。（以下略。昭和55年8月記）
　三度栗について古老に尋ねたところ、現在も地元にあり、大変美味であり、1度口にすると他の栗は食べられない、ということでした。しかも、よく聞くと、多いときで年に7度は花が咲き、実際に食べられる実がつくのは、3度あるいは4度くらいということでした。このことは真念の『四国徧礼功徳記』に、「1年に4度実る栗の話」として登場します。
　次に食わずの梨ですが、庵の左側にある木は実は花梨(かりん)の木であり、折りしもそのごつごつとした青い実を数個つけていました。屋島の山麓にも食わずの梨として花梨が植えてあります。

　　彼の僧の面影匂ふ榠樝(かりん)の実　　　證善

　三度栗の名称も四国の他の地域に見られ、ともに同じような大師の伝承があります。また、同じような伝承として室戸、足摺には、食わずのいもが大きな葉を広げています。
　丘の上に佇む真念庵の前には、88ヶ所の石仏が立ち並んでいます。その中央に「文化15年3月3日、法道覚夢信士　作州英田郡江見行者坂本屋佐吉」と刻む石地蔵があり、88の石仏は、多分この人が建立に深くかかわっているに相違ないと思われます。
　なお、真念庵の正面に立つ石地蔵には、「為大法師真念追福造営焉　元禄五壬申歳六月廿三日終」と刻まれ、真念法師の寂年（元禄4年）から1年経て、この地蔵が建立された、と推定されます。また、その右側にも、真念法師、中開實道と並び記す石柱もあります。堂の入口の上には、昔のいざり車が1つ吊ってあり、その中に願を果たして納めたと思われる金剛杖が、数十

本入れてあります。

　足の不自由な者、あるいは目を患っているお遍路さんたちが、このお堂にやってきて、諸々の功徳を得た証しです。古老に聞くと、ほぼ大正年間以前のものといいます。かつては足の不自由な人たちが、ここまで来て歩けるようになったため、その納めた箱車がざっと20ほどあったといいます。

　庵の境内には、知る人ぞ知る「御四国の沙汰石」があります。「いざり立ち、目くらが見たとおしが云う、つんぼが聞いたと御四国のさた」〈弘化2年9月建立〉、すなわち目の悪い人、言葉や耳の不自由な人が御四国遍路で治るという和歌です。事実、この真念庵までやってきて病気の治った者が続出しています。

　その夜は、足摺に向かって少々歩き、バス停で寝ました。道端で扉もないため、車の騒音と、その巻き上げる風埃がうっとうしかったものです。

■10月22日

　真念庵に戻って堂内の調査。薮蚊にあちこちと刺されます。昼頃に庵を出て夕方、久百々(くもも)のバス停に到着。海に入って身を浄めます。ものすごい荒波で、しかも夕方であり、他人が見ると変に受けとめられるかもしれないとの思いが湧きます（適中）。さらに身の汐を洗うため、すぐ側の川につかります。

　近くの畑にじっと私を見ていた老人がいました。こんなうすら寒い夕方に水に入るとは、といった不思議そうな顔でした。その夜もバス停のベンチの上で就寝。

　　　月明にペン走らせて海遍路　　　證善
　　　凝(こご)りたる月の真雫(ましずく)ちろろ虫　　　同

　荒波が引くときは、浜の石が恐ろしいほどにごろごろと鳴ります。あんな石の中の汐につかるなんて危険だった、と回想しながら夢境へ。

■10月23日

　ここ大岐(おおき)には、陸道と浜道があります。雨の少ない季節は、浜道でも行けますので、浜道を選びました。2kmほど、真白な砂のきしむ音を聞きながら、初冬の黒汐の香に浸ります。午後1時半、38番蹉跎(さだ)山金剛福寺に到着。

蹉跎の熟語の意味は、①時期を失う。②志を得ない、失敗する。③つまずく、等です。一般的には、別名足摺山という名称から考えて、③の意が思いつきます。

　すなわち、その昔、この険しい岩壁の海岸に到達するまで、どれほどつまずいて来たことか、現在でも遍路が疲れた足を摺りつつ、金剛福寺に達するという言い方も一説として存在します。しかし、面白いことに当山の伝承の1つに、金峰上人の頃、上人が天魔を蹉摺（あしずり）して退却させたことがあげられています。また、弘法大師が当山で悪魔を降伏したおり、魔党が手すり、足すりして逃げたとも伝えています。

　別説として、①と②の解釈も成り立ちます。以下その故事を記してみましょう。

　　はるか昔のことである。金剛福寺に大僧と小僧の2人が住んでいました。あるとき旅の僧がやってきてしばらく逗留。小僧は、自分の食物をその僧に分け与えていましたが、ある日大僧が小僧を叱ったのです。「ただでさえ食物が少ないというのに…」。それより旅の僧は、小僧に「私の住家に行きましょう」といいました。2人は一舟に乗って補陀洛浄土に向った。それに気がついた大僧は、小僧に「私を捨ててどこに行くのか」といいましたが、事既に遅し。2人は舟の先にて観音の姿になっていました。大僧は足摺りして残念がりました。それから当山を足摺山と呼ぶに至りました（『とはずがたり』1306年より）。

　よって、蹉跎（さだ）の語には、時期を失う、志を得ないという意味も合わせて考えられます。

　新しい大師堂がほぼ完成していました。まだ寄付を募っていましたので1,000円入れました。数年前から3、4回は寄付しています。お大師さまにいつも助けられてばかりなのでそのお礼。

　ここ足摺岬には、昔から七不思議といわれて奇岩などが目立ちます。その中に亀石、干満汐の岩などがあり、この名の岩は全国的に見ると他の霊山にも存在しています。亀石はその昔、修行者がその上に坐して瞑想したともいい、汐が干満するという水の貯った岩は、霊的に本当にその水（汐）が干いたり満ちたりするといいます。

車のお接待もあって、市野瀬の真念庵に戻りました（午後５時半）。また１日、得をしました。その真念庵は、余りにも寒くて、夜中の１時半に眠が醒めました。ふと中央のお大師さまの後を懐中電灯で照らすと、蛇の衣（脱殻）が横たわっています。その横の板を少しずらすと、１匹の蛇がいました。

　やや赤味を帯びた小蛇でした。私は、気持が悪くなり、この蛇を外に放り出そうと考えました。しかし、人間の私が寒いくらいですから、蛇も既に冬眠に入っていると思われ、外に出すのは誠に気の毒です。思えば仏様のお堂に頼っているのは、蛇も私も同じ立場です。諸仏からみると、人も動物も一介の衆生であって、そこに差別はありません。命は平等である、という真理のもとに蛇は難を逃れました。再びゴロ寝した私の枕元には、お大師さまのみならず、先ほど見た赤い小蛇の姿がまなうらに焼きついていて、すぐに寝落つことはありませんでした。

　　　蛇眠る真念庵の寒さかな　　　證善

　翌年、やはりここで通夜した高野山大学生の細川敬真君は、両掌サイズの馬鹿みたいに大きな蜘蛛が出てきて、恐ろしくて眠れなかったといいます。

■10月24日

　地元の老人・大塚氏に真念庵についていろいろ教示を受けます。庵を去って10kmを過ぎた地点に、真念発願の道標があります。山中を経て延光寺に行く道を示していますが、今は山道を通る者はいません。

　さて、新しいバス停があったので休憩。向こう側から婦人が出てきて語るには、つい先月も数人このバス停で泊まっており、その中に外国人もいたという話です。朝５時過ぎにバス停を見るともう誰もいず、何て遍路は早起きだろうと感心したとのことです。しかし、５時前くらいは徒歩の遍路にとって早起きには該当しません。夏なればなおさらです。光射す中、腰掛けた石の温かみがありがたかったです。

　　　宿の無き遍路に野石あたたかし　　　證善

　39番延光寺の入口に着きました。きょうはゆっくり汗を流そうと思い、寺の入口の朝日健康ランドに入りました。仮眠料金込みで2,300円。夕食

は、きょうの道中、「やや固いけれども」といって追いかけてお接待していただいたあんこ餅3個。それと平田市のスーパー入口において、母子からのお接待品のチョコレートと柿数個。

■10月25日

39番延光寺参拝。後輩の住職は、留守。野良猫にてんぷらを1枚やります。生きている者は、須らく食わねばならない故。これで土佐は打ち終わりました。

菩提の地

発心、修行の次は菩提、涅槃の地です。いよいよ伊予の土を踏み、城辺町の川にて久しぶりに翡翠(かわせみ)を見ました。

　　　かわせみやなべて透(す)けたる石の貌(かほ)　　證善

40番観自在寺参拝。芭蕉句碑（春の夜の籠人ゆかし堂の隅）（天保14年建立、町指定文化財）をゆっくり眺めました。その夜は、柏というバス停で寝ました。戸が閉め切れるので、ありがたいと思いました。

　　　靴紐を解けど縋(すが)りぬゐのこづち　　證善

■10月26日

宇和島に入る。午後4時半、別格霊場龍光院に到着。友人の大国諦慧氏が住職。読経後、長男の弘貢君が風呂屋に連れて行ってくれました。彼も高野山大学生のとき、私が先達で一緒に遍路をした仲間です。

■10月27日

久しぶりの雨。今日1日は、龍光院にて足を休めることにしました。ところで、龍光院には、遍路道の宇和島入口に所在していた願成寺の寺号、その歴代住職の墓石をも移しています。この願成寺は、もともとは宇和島市の対岸の久島に所在していた願成寺を本土に移転したものでした。

この寺の願成就の方法は、髪を結ぶ元結を馬目木(まめぎ)（ウバメガシ）に掛けて祈ったのです。それ故宇和島のその堂は、元結掛の馬目木大師堂といわれて

います。寺号すでに龍光院に来ているものの、不思議なことに久島にも宇和島入口にも、小堂がなおも残っているのは、やはりお大師様の威光のせいでしょうか。

なお、久島の大師堂は小さいものの、かつてお大師様が、ここより本土の宇和島に渡って、四国88ヶ所を開創なされたという伝承が存在しています。

きょうは、大国父子と馬目木大師堂を参拝。堂の左にある小屋敷は、もとは遍路の通夜堂であったものの、今は俗の人が自分のものにしているとのこと、残念。お堂の中は汚れており、鍵がかかっていました。

さて、龍光院の本堂の縁側は広く、それ故徒歩遍路者をそこで通夜(宿泊)させています。きょうの夕も2人、昨晩も2人とのこと。

ところで、私が寝袋を持たず遍路しているので、弘貢氏は寝袋を貸してくれました。コンパクトで羽毛。これより寒さに震え眠れぬという夜はなくなりました。龍光院親子には篤く感謝。

■ 10月28日

次の札所41番龍光寺へ行きます。この寺は、昔からイナリのとおり名があります(鎮守は稲荷社)。次いで、42番仏木寺へと急ぎます。その途中、仏木寺に養子に入った松本明慧(旧名・大国晃生)君が、わざわざ車にて迎えに来てくれました。

仏木寺の御住職から、昔の納経帳を2冊見せて戴きました。文化12年と明治44年のものであり、納経の書様が現在と相違するので興味深いものです。

また、以前から88ヶ所から納経のとき、出される御影はいつ頃からであろうかと思っていました。仏木寺の納経帳を見て、大正3年(四国開創1100年)から全札所統一して御影が出されたものと推測されます。それらの詳細については、稿を別にします。

43番明石寺の観世音の前に立ちます。誠に大慈悲の御心が伝わってきます。かたわらには、札所特有の願掛(がんかけ)がいくつも目につきます。すなわち、その願主の悪い箇所を、年齢の数だけ書くのです。例えば、足が悪ければ、足の字を35(35歳)書くのです。目の祈願も極めて多いです。仮に数え年

21歳の人の目が悪ければ、目の字を21書いて願を掛けます。昔から四国霊場に流布している信仰形態です。

私も一時、頭がふらふらしておかしかったことがあったので、納札の裏に頭の字を年齢の数だけ書いて祈願したところ、たちどころ

願掛

に治った経験があります。もちろん、真剣に祈った結果です。

その日は、夕暮れて結局はバス停の地べたでゴロ寝。バス停といっても三方のみ壁であり、しかも15㎝下は皆スケスケで寒風が自由自在。それでも本日からは寝袋があるのでひと安心です。

■ 10月29日

午前6前に起床。今朝は、一段と冷え込んでいて、しかも霧がかかっています。道路の反対側で、牛乳配達らしいおばさんが、誰かと噂しています。「あれ、あんなところで人が寝ている」「悪いことをしているわけではあるまい」などと。どこで寝ようが私の勝手です。

やがて旧遍路道の鶏坂峠を登ります。途中の栗林でどっと走り出す獣あり。薄暗き中なので正体不明ですが、おそらく栗を食いに来た猪でしょう。それほど人の通らぬ荒れ道です。山中に1堂あり。日月の神を拝む社とか。

こんなお堂の中にも茣蓙が1枚敷いてあります。明らかに遍路の通夜が想定されます。その証拠に、その茣蓙の真中には、遍路札と千円札1枚が無造作に置かれています。泊った遍路が日月の神様に捧げたものです。徒歩遍路にしては、実に心がけがよい人です。

やっと峠を降りきって、麓のペットショップにて水を所望。20歳代の好青年が、水に氷を混ぜてくれます。ありがたいことです。気の効く青年です。

大粒の栗の実が、道端にゴロゴロ転がっている中、札掛大師堂参拝。質問がありましたので、幾度となく大声で呼んでも誰も出てきません。戸1枚隔てて、家族が声響かせているというのに…。参拝者には用なしといったとこ

ろでしょうか。

　ここの境内にも六部行者の碑が建っています。こういった山中の小堂は、六部開基が多いのです。六部とは、日本六十六部州廻国行者の略称です。四国の遍路修行は、西国巡礼とともに、彼等六部の基本的な修行地とされていました。それは大正年間以降のバス、鉄道が、各地に普及するまでのかつての日本のよき修行風習でした。

　午後4時、番外霊場十夜ヶ橋（とよ）に到着。早速橋の下のお大師さまへ読経。その右奥には、明治の傑僧雲照律師筆の歌碑が建っています。ここには、寝ているお大師さまの像が2体ありますが、右端のものが昔からのもので、力がこもっています。

　そのお大師さまの横に、やはり小さな寝大師があり、誠にデザインよろしく、誰しも感嘆せずにはおれな

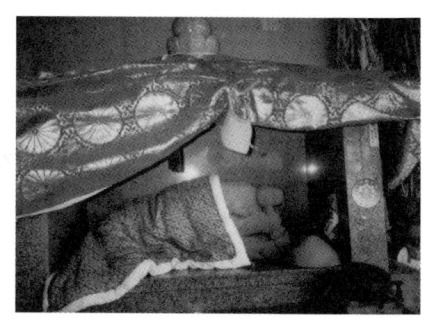

十夜ヶ橋大師像

いものです。本尊の寝大師には蒲団が幾枚も掛けてあり、大師の顔がやっと見えるほどです。この蒲団は、後で施者がもち帰り、病人などに掛ける加持蒲団です。

　十夜ヶ橋の由来ですが、昔、大師がこのあたりで宿を請うたところ、誰も泊めず、しかたなしにこの橋の下で寝たというものです。近所の寺の話によると、今でもこの町は信仰に薄いとか。

　さて、橋の下で大師は次のように詠ったのです。「行き悩む浮世の人を渡さずば一夜（ひとよ）も十夜（とよ）の橋と思ほゆ」。我々は、宿を断られると恨むきらいがあります。

　宿を断られたお大師さまは、当時の木のボロ橋の下で、浮世（俗世）に迷う生きとし生きる者を憂いました。宿を断られたので恨んだのではなく、仏心から迷える人々を憐んだのです。その思いは、一夜であるが十夜の如き長さを感じたので、後に十夜ヶ橋と名づけられました。

　さて、四国遍路では、よく橋上では金剛杖をつかないといい伝えられていますが、その発祥はむろんここにあります。橋下でお大師さまが寝ているの

で、そのお眠りを妨げることのないようにという意味であり、その他の四国の橋の杖をついて渡っても差し支えないのです。しかし、どの橋上でも杖をつくな、との迷信（妄信）めいたことが広がっているのは、理性を欠く伝承です。信仰とは、理性が欠如すれば妄信になるという一例でしょう。

　ところで、ある僧がかつてこの橋上にやって来て、「杖をつかない」という言い伝えを知りながら「何だ、そんなこと！」と思って、どんどん杖をついて渡り、橋下に来て読経しました。

　ところが、お大師さまの慈悲心が僧の胸に伝わってきて、ポロポロと涙が流れました。そして「ああ、何て俺は高慢な男だ」と橋の上をどんどん杖をついて渡った自身を反省したのです。

　また、この霊場は、岸辺に通夜接待所があります。徒歩遍路者は、この通夜堂を目指してやってくる者が多いのです。約5畳の広さがあり、詰めれば5・6人くらいは泊れそうです。

　私が通夜堂に入ると、先客がいました。話を聞くと誠に奇妙な御仁です。もともとは、仕事に失敗して、四国のあまり人の通らぬ山道などを選んでぐるぐると歩いていたところ、九州の男の遍路さんに、どうせ四国を歩くならば、88ヶ所を巡拝しなさいといわれ、その人から笈摺と金剛杖などを貰い、別の家では大きな新しい青いリュックを貰い、人のお接待を受けつつ、どこか四国で就職先を捜しているといいます。また、昨日の宿は、無人の農家の小屋に無断侵入とのことでした。

　この人は、NHKの四国遍路の取材を受け、テレビ放送されたこともあるそうです。実際、信仰というものはないとのことでしたが、何とかどこかに就職したいので歩いているそうです。60歳には達していないと思われるものの、その風貌から見ても、何とも得体の知れぬ御仁です。

　私がお菓子を勧めると、空腹であったらしく、バリバリと食べはじめました。「それ全部差し上げます」というと、食べるのを止めてすべてをリュックにしまいました。私と同じ汗の匂いがします。近くに銭湯があるので、「おごりますから、風呂に行きましょう」と誘いました。1人につき550円でした。

　帰って通夜堂の壁をよく見ると、今までの徒歩者によって、行く先々のお

通夜できる場所を丁寧に書いて張ってあります。ただし、この種の情報は、刻々と変化する場合もあります。数年前には聞いていなかった民家が突然、お通夜をさせるというありがたいこともむろん存在します。

■ 10月30日

　十夜ヶ橋を出立。目指すは、内子町大瀬末、山本宗清氏護持の千人大師堂です。むろん徒歩遍路者の接待堂です。そこまでに行く途中に、思案堂という大師堂があります。往時の松山街道にて、旅人はここまで来ると五十崎(いかざき)方面を返り見て、いろいろと思案をめぐらしたといいます。

　千人大師堂の手前にも無料接待宿があります。ここは、宮田みねよさんが、トイレを造って開放しています。酒井さんというお婆さんを泊らせてから、人の喜びが嬉しくなり、女１人で続けているといいます。平成11年の年間宿泊者はざっと50人ぐらい（十夜ヶ橋は100名ほど）ということです。

千人大師堂

　千人大師堂（山本大師堂）に到着。このあたりは宿がありませんので、極めてありがたい善根宿です。昭和２年、宗清氏の母堂が身体虚弱全快の大願をお大師さまにかけました。1,000人の遍路を接待（宿泊）する故、何卒身体が丈夫になりますように、との内容でした。３年のうちに1,000人に達し、その後、大師堂を建立して更に善根宿を続けました。母堂は、63歳で死去されましたが、現在に至るまで、その浄業は続いています。

　平成11年10月30日現在、１月からの宿泊者は155人でした。母堂のチョウさんが始めてから１万人くらいに達しているといいます。遍路のシーズン中は「我が家よりも先」と遍路用布団の天日干しに余念がありません。

　ちなみに、ここのお大師さまは、高野山より勧請したものであり、山本家の浄業と、遍路の感謝の念で、常に慈悲の光に溢れています。拝むとすうーとした仏心に加持されます。私がその旨を伝えると、皆が同じことをいうと

のことでした。

　山本家は、うどんづくりの商いをしています。このうどんの製法は、奥さんがうどんづくりに困っていたとき、1人の遍路がやって来て親切に教えてくれたといいます。今考えるとお大師さまの化身かも、と合掌します。

　そのとき、その人から四季の水加減とか、温度の調整を丁寧に教わったそうです。山本家のうどんは腰があって美味という評判がたち、今では松山市内のスーパーからも大量の注文があるとか。そのうどんを1杯、少々他のものを付けて夕食に出してくれました。なるほどうまいです。

　山本夫婦が、夜、お堂に来られていろいろ語ってくれました。信仰のありがたい話もありましたが、遍路にも少々態度の悪い方もいる様子です。例えば、出されたうどんを布団の上であぐらをかいて食べるといいます。いつも心をこめて天日に干す布団に、汁でもこぼれぬかと気になるのは当然です。この類の遍路は、善根宿の心配りを全く理解していません。こんな人は、泊まる資格がないといってもよいでしょう。

■ 10月31日

　大師堂を出立。100円市がありました。そこで、柿5個を100円で買いました（栗の場合は20個）。楽水堂、および落合大師堂と名づく通夜堂も存在しています。

　これより44番大宝寺へ抜ける近道は、徒歩遍路者のみが歩く鴨田峠越え（ひょだ）です。数年前までは荒れ放題でしが、最近は草を刈るなど道路整備が進み、見違えるほど歩きやすくなっていました。山道にところどころ集落がある程度であり、まさに昔ながらの田舎道です。

　面白いものを見ました。1羽の百舌鳥（もず）が道路鏡に写る自らの姿を敵と勘違いし、一生懸命突ついています。突つき終わって離れ、また戻ってきて突つく、その繰り返しです。そして時折り鏡の裏側を確認しています。思うに人間も大なり小なり、似たようなことをしているものです。虚なるものを実と仮想し模索します。あるいは、無益なことを益ありとして悪戦苦闘する等々…。ともあれ、自身の無知もまた底知れぬほど深いと思います。

　　鏡中の己をつつく百舌鳥の道　　證善

午後4時半に44番大宝寺着。実は先日、10月30日に内子町を通過する際、極めて重要な依頼を受けていました。当人の依頼ではないのですが、私自身が祈らざるを得ないこともできていました。
　というのは、1人の婦人が自転車を止めていきなり私に話かけてきました。「いいですか、五衛門風呂には砂を入れて高くしなさい。土壁の塗り方は…」といった具合の条々をしきりに私に言い聞かせるのです。私はしばらくハイハイといって聞いていたものの、当人が精神病であることに気がつきました。年齢は40歳は過ぎているらしい様子です。薄い口紅を引いて、髪もきちんとまとめています。女らしさは保っているものの、支離滅裂の語調が悲しいです。「先を急ぎますので…」というと、驚いたことに「ではお接待」と財布を出し硬貨を1つかみ渡されました。やや正気を失っていても、遍路者に対するお接待の心は持ち合わせているのです。370円のお賽銭、半分は次の札所大宝寺に納め、彼女の精神が少しでもまともになるべく祈らねばなりません。
　その直後でした。1人の細身の年輩の男性が近づいてきて、次の如く告げました。「お遍路さん、私はもう寿命がありません。どうぞこのお賽銭を次の札所に納めて欲しいのです」。
　私はその痩せおちた姿から、癌ではないかと直感しました。託されたお賽銭は100円。札所の仏さまには名前をいわねばならないこともあり、氏名を聞きました。
　というわけで、大宝寺に到着するや否や、以上の2人の賽銭を納め、少しでも幸せになるべく祈願しました。実のところ、2人に遇ってより44番大宝寺に至るまで、極めて緊張して歩かざるを得なかったのです。仏前に立てぬ人に代って賽銭を納めるのですから、その使命は重いです。特に男性から預かった100円は極めて重いものでした。
　ほっとした安堵感をもって、岩屋寺への近道、山越えを決行しました。麓の休憩小屋に着いたのは午後8時でした。

　　　冬の日や三巣かけて女郎蜘妹　　　證善

　遍路者に対し、四国路の人々は親切です。暗がりの中、大宝寺から45番岩屋寺に向う山道を降りたところで、突然ダンプカーが停まり「お遍路さ

ん、今から山越えでは危険だ。この太い道で大宝寺へ行きなさい」「大宝寺からたった今山越えしてきたところだ」と答えると、納得したらしく過ぎていきました。

　運転手は、山から降りてホッと一息ついている私を見て、逆に今から登らんとしていると見たのでしょう。もっとも、真暗がりに佇んでいたのですから、そうも受け取れます。ともあれ、人情溢れる一言に疲れを癒しました。

　雨足が強くなり、窓のない休憩小屋に風が素通りします。細い長椅子の上に寝袋を敷きました。むろん明りは蝋燭。

■ 11月1日

　大雨が止み、45番岩屋寺へ向かいます。再び旧道の山道を登ります。途中、大きな蟇と子蟹と遇いました。この山の子蟹は、手が赤いのが特徴です。

　　霜月の蟇(ひき)もの思ふ道なりき　　　證善
　　挨拶の子蟹の鋏(はさみ)赤かりき　　　同

　午前10時に山越えにて45番岩屋寺に到着。たまたま下の道から登って来た老婆の言うことを聞きました。「鼻の穴がいくつあっても足りぬほどしんどかった」。私は、早速、本堂の数百m上に所在する逼割(せりわり)行場の鍵を借りました。今降りてきた山道を、逆にまた登らねばなりません。この行場は、かの一遍上人も坐禅しています。その姿は、「一遍上人絵巻」に描かれています。私は、この行場に登り、その天柱石の頂点で、阿字観をすることが何よりの楽しみとなっています。

　逼割というのは、その入口が大きな巌の隙間となっており、それを過ぎると、天柱石に大幅な21段の梯子(はしご)がかかっている行場です。以前は、必死に梯子をつかんで登りました。下は、目が眩む断崖。今日は、梯子にもロープが懸けられ、少し安全になっています（後日そのロープははずされました）。その石柱の頂点には妙理大権現が祀られており、その本尊を後盾(うしろだて)にして坐り、足下の樹海をそのままに観禅に耽(ふ)けるのです。

　ここは、天空の秘所ともいうべく、全く無念無想の心境になります。かつては、下の橡の木から実の落ちゆくこえが、ヒューヒューとしきりに虚空に響いていましたが、今般は若干聞こえるのみでした。

橡の実は漢の瞳なり濡れゐても　　　證善
　　橡の実の諸葉貫き落つるなり　　　　同
　　橡の実の一個が破る山の寂　　　　　同
　　橡の実の激しく訪へり行者堂　　　　同

　２時間近く禅定の法味を嘗めて、本堂に下りました。この札所のみにある削り不動を二体（2,000円）買いました。一体はお接待を受けた高野山の蓮華定院の奥さんに送りました。帰路は、山を下って一般道路に出ます。河合に夕方５時に到着。買物をしてから東屋を見つけて昨夜同様、細長き椅子の上で寝ました。

　ところが、もともと寝相がよいとはいえない者が、いつまでも細長い椅子の上で安全にいられるはずもありませんでした。遂に、夜中に下のコンクリートに落ち、大腿骨をしたたかに打ちました。極めて冷え込み、靄が立ちこめていました。どうしようもなくそのまま寝袋に…。

■11月2日

　やはり打ったところが痛むが、さほどのことはありません。
　　朝日影露噴く五体つつみけり　　　證善

　河合の東屋よりすぐ上の国道に出ました。午前７時半、雨雲が垂れ始めました。三坂峠に至るまでの高野という在所が昔からの近道ですが、山中の草分け道を通過せねばならず、これがかつては大変でした。

　前回は、大学生を連れてこの道を通ったものの、全く荒廃しきっており、青芒を深く分け入り、やっと高野という在所に辿りついたものの、さてそれからの行く道もわからず、早朝より民家を起こして道を聞いたことがありました。

　そこまでしなくとも、若干遠いと思われる太い道を行けば、何のこともないのですが、何せ高野山から四国路に来て、高野の名が懐かしいというその想いのみからです。今般も自然に足がその山中に向いてしまいました。嬉しいことに、小道は相当整えられていました。ボランティアの方々の功徳行です。

　昼になって、三坂峠に至りました。ここの近道は、随分きれいな道になっ

ています。ごく最近までひどい下り坂でした。その昔はもっとひどかったらしく、「むごいもんだぜ三坂の馬子は、朝に連れ行き夜戻る」という馬子唄があったそうです。

　46番浄瑠璃寺と47番八坂寺を打って、民宿長珍屋に戻りました。

　ところで、四国の民宿の中でも、長珍屋ほど徒歩の遍路者に親切なところはありません。ここの大奥さんの信心が、そのまま反映しているのです。別室に案内され、いろいろと懇談します。その中で、不肖私の書いた御宝号（南無大師遍照金剛）が表装されていたのに驚きました。その縁は、年下の猪井君に遍路を教え、そのとき、幾枚かの御宝号を私の手元から持っていったのです。むろんその1枚です。

■11月3日

　長珍屋の仏壇に読経。宿代は、お接待とのこと。その上御布施までいただきました。何ともありがたいことです。

　この日は、52番太山寺に掛錫。この寺の通夜堂は、極めて良好です。シャワー、ガス（お茶）等が整えられています。すなわち、住職の意志が旅人に美しく反映しているところです。久々に蒲団を前にして、合掌してから横になりました。

■11月4日

　この太山寺の中には、ねじり竹というものがあり、所謂、竹杖がねじれるとのことから、遍路には青竹を用いないとされています。この謂れは、不義の男女の杖の青竹がねじり合い、それを見た僧が2人を諭し、その青竹を庭にさしたところ、枝葉が茂ったといいます。

　このねじり竹の太山寺に、おりしも青竹の杖をもったお遍路さん（老人）が、堂々と参拝していました。ひょんなことからその青竹の杖の老人を撮影しました。

　竹杖は、多くの札所でよく見かけます。竹は、すぐに割れて、長日用には向かないが手軽です。

　北条市では、御杖大師の名のある養護院参拝。寺宝の大師の御杖を拝見。

木ではありますが、杖の途中から二股になっており、鹿角杖(わさづえ)の様相を呈していました。

次に、鎌大師堂参拝。ここで最近の遍路の難を聞きました。某僧が近くの無人駅で寝ていたところ、笈摺、お杖、リュックの遍路道具も含めてすべて持ち去られたというのです。旅道具を持ち去られたのは、高野山のM寺院関係の若き僧でした。彼に相談された鎌大師の住持・手束妙絹尼は、気の毒に思って2万円を差し上げたところ、彼が高野に戻ってから、同じ金額を送り返してきたとのことです。

それにしても遍路道具まで一切盗られたとは何とも災難です。盗んだ遍路道具をいったいどのようにして使うのであろうか。おそらくそれを自分の身に着けるのであろう。それにつけても、修行者に心のスキがあったとしかいいようがないのです。道中、油断禁物です。

ところで、鎌大師の妙絹尼は、もと石田波郷門下、遍路に魅せられて行脚、そこから生まれた句を次のようにたくさん詠んでいます。

　　笹とりて髪根(すず)涼ます揚雲雀
　　オリーブの葉裏葉表島遍路
　　蓮華田の深さ冷たさ冥利かな
　　桜鯛満願の身の養ひに
　　坂八丁乳房重しよ遍路杖
　　真昼間のかくれ尿(ゆま)りや蓬の香
　　柳絮舞ふ急げと白き旅人に
　　右左出せば歩けて山すみれ
　　立ち揺れて性なし脛(すね)よ大師の日
　　浦曇廃寺に牡丹蟠(わだかま)り
　　ほととぎす顎にくひ込む笹の紐　　（以上、妙絹尼作）

そんなことで、仏縁ありて鎌大師に住するようになったとのことです。聞くと、平成11年11月現在、90歳、頗る御壮健です。妙絹尼からお茶をお接待され、自著『人生は路上にあり』を拝受しました。その中の次の一文が注目されました。

「お遍路行にある　〝捨て身の充実感〟　〝邂逅(かいごう)の不思議〟　〝相互合

掌〞、この３つの体験こそが、私の人生観を左右したと切に思っております」。

　妙絹尼が鎌大師堂に入るにあっては、先住から「あんたが私の跡に来たいなら、何もかも捨てておいで。それだけは言っときます」ときっぱりと言われたとのことです。入寺にあたっては、それ相応の覚悟があったことはいうまでもないでしょう。

　この鎌大師の所在は、遍路道なので国道から少し離れてはいますが、鎌大師を過ぎて北条市に向う途々に中務茂兵衛の道標（342度石、238度石）も相俟って、風早峠など、さわやかな気分で徒歩を満喫することができます。

　菊間町に入りました。この町は、瓦造りで名を馳せています。瓦造りの家々が立ち並ぶ中を歩いて行くと、前方から犬の声が聞こえてきました。私の錫杖と腰の鈴の響きにほえているのです。だんだん近づくにつれ、犬の声も大きくなり、１匹の大型の犬と遭遇しました。幸い道の右側に繋がれていたので安心です。

　ところがどっこい、犬が面前の私におもいっきり体ごしに吠えついた瞬間、その鎖はぶち切れてしまったのです。勢い余った犬は、私の前方約１メートルほどに飛び出してきました。私はびっくりして立ち止まりました。犬のほうも、意外な展開に目をパチクリして私を見据えています。私は生来、犬は大好きであり、幼いときから飼い続けているので、とりたてて怖い気はありません。じっと犬を見つめて、やさしく語りかけました。「あのなぁ、そこは私の通るところだから、よけてください」。そうすると犬は、すぐにその大きな体を揺さぶって、鎖から逃れた開放感も相俟って、どこかに消えていきました。やれやれ、大型犬だけにびっくりしました。犬、熊の類は下手に動いたり逃げたりすると追いかける癖があります。よって、今のような場合も佇んでいるのが最もよいのです。

　大西駅（無人駅）に立ち寄ると、何も書かれていない伝言板に、真っ赤な烏瓜が掛けられていました。

　　烏瓜紅きことばの尽くるなし　　　　證善
　　笠掛くる一枝蜻蛉にとられけり　　　　同

　午後５時半、55番南光坊着。７時前には、近くの公園の東屋の下に寝所

11月4日

を構えました。そうすると間もなく、太山寺にて会った徒歩遍路の加納君がやってきて、同じ小屋根の下で一夜を過ごすことになりました。一応、街の中なので、公園は浮浪者もおり、深夜は貴重品に気をつけなければなりません。この公園内で私たちも含めて5人ほど、夜を過ごしています。

■ 11月5日

　晴。昨夜のけたたましいサイレン、南光坊のボヤ騒ぎが嘘のような青空です。南光坊の住職は、私と大学が同期であり、顔を合わせました。「どこで泊まった」「前の公園の屋根の下で」「一言わしに言えばいいのに…」。昨夜は、浮浪者が大師堂の奉納旗に放火したとのことです。大師堂は無事だったので何よりです。

　後に、その犯人はつかまりました。放火の理由は、心がむしゃくしゃしていたからとのことでした。

　南光坊にも芭蕉の「ものいへば唇寒し秋の風」等をはじめとする若干の句碑が建立されています。また、当寺の本尊は、過去七仏のうちの大通智勝仏であり、全国的に見ても珍しい仏です。大三島の大山祇神の御本地仏であり、住職の板脇師が以前にその真言を調査していたものの、「おん　まか　びしゃな　じゃなのう　びふう　そわか」、ややこしいので結局は南無大通智勝仏のままとなった経緯があります。

　10時前に57番栄福寺着。入口に吉祥な亀甲紋を持つ亀甲竹が生えています。住職に面会して古い納経帳を拝見。寛政12年のもの。紙質は変色していましたが、当時の納経の様子が十二分に伺えます。遍路者は、本来、札所にて法華経（心経）の写経を納めて朱印を受けましたが、後に写経を納めずとも、経文、真言、和歌などを唱えるのみで巡拝するようになりました。

　当時の納経印の末尾には、各札所にて行者丈と書かれています。丈とは、様の意。行者（遍路）さんに「以上納経したことを証明します」といったところです。現在、その書様は、すでにありません。本堂の縁側には箱車（いざり車）が奉納されていました。今の世には珍しいものとなっています。

　　白萩のふるる行脚(あんぎゃ)の墨染に　　　證善
　　亀甲竹(きっこうちくせいせい)聖々たりし冬の光ゲ(か)　　同

忠実な犬が身投げしたという犬塚池を通り、58番仙遊寺に到着。仙遊寺の住職に会うと、珍しい石碑として、師は石段を少し下った馬頭観音像の台座まで案内してくれました。そこには、信心功徳の文が彫られていました。別に真念標石もあり、大師加持水もあります。五来重氏によると仙遊寺の寺名は、もとは泉涌であろうと推考しています。

　61番香園寺着。坊内の山岡弘昌君に会いました。香園寺にてお接待の1泊。

　山岡君は、大学時代、一時私が指導居住していた高野山真別所に居たことがあり、その御縁です。遍路宿坊としての内輪話を聞きます。香園寺は、現在、年間宿泊者数約1万人、かつて昭和54年頃は遍路最盛期であり、年間3万人の宿泊者がいたといいます。何でも横峰寺途中の京屋に、大分宿泊者が行ったとのことです。

　ところで、彼は、私が来るというので、当地で最高の和菓子を用意してくれていました。その気持ちが何とも嬉しいです。香園寺の本堂は2階にあり、大きな大日如来の背後に安置されている小さな仏が、昔からの本尊の大日如来です。この小尊（旧本尊）の威光がすばらしい。寺門を興隆し、子安大師で名を馳せたことについては、彼のおじいさんに当たる山岡瑞圓師の功績です。

　明治期の真言僧、仙龍寺住職、服部鑁海師の著によると、瑞圓師があるとき、世を悲観しきっていたおり、「死んだつもりになって、お大師さま、お遍路さんに奉仕したらどうか」と鑁海師に励まされ、それより瑞圓師は無料（接待）にて香園寺で遍路の通夜（宿泊）を続けました。それより師が始めた子安講の講員は、ものすごい数になったといいます。ともあれ師の決死の奉仕行が、子安大師の寺として今日に及んでいるのです。

■11月6日

　香園寺に荷物を置いて、裏道から60番横峰寺へ出発。汗を拭うため、山林の中で上半身裸になると、忽然と蚊が5、6匹やってきました。こんな寒日に蚊に刺されるとは！　私は閉口しました。思うに遍路者のみを狙う蚊に相違ありません。

尾根に向って登り行くと、常の如く蜘蛛の巣が幾重にも小路を遮ります。棒で払いながら進みます。3時間少々で横峰寺に到着。寺門の近くには、石垣に人字草（にんじそう）が群れています。聞くと1か月も咲き続けているといいます。鷺草に似て真白であり、花の形が人の字になっているところから、この地方ではそういっています。

　　　人字草宙（そら）に溢れてほとけ山　　證善
　　　真白な人になれとや人字草　　　　　　同
　　　聖嶺（ひじりね）に栄ゆる真白（は）き人字草　　　同
　　　人字草群れゐて僧を迎へけり　　　　　同

　横峰寺は、かつて石鎚山の蔵王権現の前にあるところから、前神寺ともいいました。さすれば現在の前神寺の旧名は如何（いかん）となれば、里前神寺でした。今は里の字がなくなり、単に前神寺といっています。面白いことに現在の前神寺の石柱に刻まれている里前神寺の里の字が削り取られています。すなわち、まず石鎚山、奥前神寺（現在も存在）、里前神寺（現在の前神寺）の順序です。

　横峰寺から石鎚山に登拝する古道ももちろん存在し、近頃その道を歩いた年下の松尾祥雄君は、何と1日で横峰と石鎚を踏破したといいます。しかも、廃道同然の藪道も通ったとのこと、流石に空手で鍛えた体です。石鎚の山開き（三体の御神体があがる）は、7月1日から10日までの10日間、全国の信者が白装束に身を包んで登ります。

　土小屋方面から石鎚を眺めると、白装束で稜線が真白に見えるのが、如何にも霊峰の様相を呈しています。すべて白い人が連なり、全く間断がないのです。人は見えず、白色のみの稜線です。かくまで人を登らしめるほど、石鎚の神すなわち蔵王権現は偉大なのです。

　かつて登拝したときに詠んだ句です。

　　　峰入（みねいり）や稜線はるか白一縷　　證善

　さて、横峰からの帰路は、同行になった南武義さんとともに、香園寺へ下りました。午後3時に到着。途中、南さんがいうには、ごく最近の話として、九州の中学1年生の男子が、1人で徒歩遍路をしているとのこと。もっとも、屢々親と連絡をとっているとの旨、安心しました。また、徒歩遍路の

回数が多いのは、北海道出身の人で 70 回とか。感嘆。途中、南さんと別れ、どんどん下っていくと、どこからともなく「蛇」という声が脳裡に響いてきます。注意していると案の定、1 匹の蛇が道の真中に横たわっています。

　その日は、64 番前神寺まで達しました。まずは蔵王堂に登ります。山開きの折は、石鎚山（奥前神寺）に運ばれる尊です。

　したがって、前神寺の蔵王権現は極めて霊験あらたかであり、蔵王堂の登り口には、明治の真言傑僧、雲照筆に成る石塔が建立されています。遍路は、ほぼ本堂と大師堂だけを参拝して終わりとするものの、前神寺の蔵王堂は素通りするわけにはいきません。

　さて、暮るる中、寺の出口にある窓もなき東屋、四国休憩所にて野宿します。例の如く細いベンチの上です。寄り来る野良犬にパンをちぎり与えます。人懐っこく、しばし頭を撫でてあげました。

■ 11 月 7 日

　晴。新居浜上泉町の毘沙門堂を訪問。故高橋良寛僧正の墓参。かつて来寺したときとは、見違えるほどに寺は整備されて美化していました。夫人とともに尽力した結果です。

　ところが、師が逝去するや否や、某僧が新しい住職になりたくて一悶着あったといいます。その僧に対して夫人はきっぱりと断ったとのことでした。その話を夫人がやや興奮気味に語ったところをみると、よほど頭にきた事件であったに相違ありません。それもそのはず、住職が没すると、その夫人（家族）の未来は極めて不安定となります。新しい住職が心ない人のときは、夫人たちは忽ち寺から出されるのです。

　昼前に東田大師堂に居住している四国辺路研究家・喜代吉榮徳氏を尋ねました。昨日、氏に電話したとき、何と不肖私の名を知っていました。この喜代吉氏の辺路研究の業績は、その学問の分野では知らぬ人はいないほど、成果をあげています。

　氏は、若干の著作とともに、『四国辺路研究』と題して 27 号（平成 20 年まで）を自費で刊行しています。氏があえて辺路の字を使用するのは、昔は邊路の熟語であったからです。遍路と用いるのは、邊路の言葉より後のこ

と。江戸時代には徧礼と書いてへんろと読んでいました。

　氏の人柄は、極めて気さくであり、私の質問に対していろいろな資料を呈示して親切に答えてくれました。しかも、今夜は泊まっていけといいます。ご飯を腹一杯食べて大師堂の中で熟睡。それにしても午前中から昼夕食のお接待を挟み、午後11時15分までぶっ通し12時間半、ひたすら遍路学の講釈を拝聴しました。トイレに数回たっただけです。喜代吉氏に感謝感謝。

■ 11月8日

　昨日の氏の話のうち、明治大正にかけて道標を建立した中務茂兵衛の石の添歌「うまれ来て残るものとて石ばかり、我身は消えてむかしなりけり」を寝覚めに思い出します。

　なお、喜代吉氏は、子息が高野山大学に在学中であり、後には専修学院に入学するのでよろしく、といいます。たまたま私が専修学院で戒律を教えているからです。

　東田大師堂を去り、午後1時、65番三角寺着。ここの副住職も喜代吉氏の影響を受けて、寺近辺の拓本をとっています。伊予の石の文化の探求は、喜代吉氏によって花開いた感が強いです。なお、三角寺の名称は、弘法大師が三角護摩を焚いたというところからですが、三角形の護摩は調伏が主体で焚かれるものです。

　この三角寺は、鎌倉期に河野通政が仏殿城として武運を祈ったところといわれ、軍事拠点としての性格も強く、寺名の由来の三角護摩も怨敵退散ということで焚かれた感が強いです。それを大師に仮託したものでしょう。

　そんな下手な推理をしていると、本堂前にて団体で来た若い男性から5,000円のお接待、なんとも奇特です。続いて、信濃の善光寺の信者さんから風呂敷一枚。しかも、その上に南無阿弥陀仏の利剣名号札が挟まれています。聞くと善光寺御上人様の字といいます。

　四国では、大師の利剣名号札が古来から有名であるものの、現在は廃れています。しかし、現在、善光寺で配られていることは、その方面の信仰の伝承ということで、貴重な存在です。善光寺の利剣名号といっても、本邦でのその源は、京都の百万遍の寺の弘法大師の利剣名号と思われます。ともあ

れ、四国路のお接待には、極めて感慨深いものがあります。

　さて、四国を行脚した山頭火は、この寺で「上へ下へ別れ去る坂のけはしい紅葉」と詠じました。事実、この寺に達するにいくつもの山道があります。奥の院の仙龍寺はここより更に山中深く分け入らねばならなりません。こんな山奥に寺が、といった具合の風情です。仙龍寺は、古来から弘法大師が42歳のときに彫ったという厄除の寿像が有名です。

　今回は、遠慮して下山、椿堂へと急ぎました。途中のとある民家の近くに野生化した鶏が数羽いました。少々飛ぶのです。危険が迫ったとみるや、飛んで大木の枝にとまります。夜はその木にとまって寝るといいます。何とも面白いです。

　途中、蜜柑をお接待され、椿堂（別格・常福寺）に到着。こじんまりとした寺ではありますが、何と小さな句碑がたくさん建立されています。

　　　梅の月一枚のこす雨戸かな　　　一茶
　　　風鈴の一ツなりたる涼しさよ　　　虚子
　　　まかがやく椿の花に合掌す　　　正一郎　　（以下略）

　読経を終えたところで、住職から御菓子のお接待あり。私が高野山の遍照光院の有縁者と知って、ぜひ通夜堂にどうぞ、といいました。この住職も遍照光院の有縁者です。親しく大分勧められたものの、まだ陽があったので先へと急ぎました。

　久保内というバス停まで来て、午後6時過ぎ、今日はこのバス停の中で泊まることにしました。三方の板壁がきれいである。それにしても不思議と喉が乾くのです。なかなか寝つかれないので、9時頃近くの民家に行って水をいただきました。

　　　風呂敷を頭に巻きつけて凌ぐ寒　　　證善
　　　ことのほか情身にしむ冬遍路　　　同

涅槃の地

■11月9日

　曇。昨晩は、雨の中、熟睡。朝6時半出立。8時10分に雲辺寺口に達しました。バナナ1本のお接待がありました。いよいよ関所の名のある66番

雲辺寺に登ります。登り口の途中、その昔堂宇であったところが、現在は地区の会館となっています。

　しばらく登ると、もう深山の中で、1軒の家すらなく、猪がここかしこで土を掘り返しています。かつて第1回徒歩遍路のときは、1日で三角寺と雲辺寺を登攀し、顎を出したことがありました。

　すなわち、雲辺寺に向う山道で、いつまで経っても寺の影すら見えず、夕方5時近く、心細くなって遂に南無大師遍照金剛を至心に唱え、「お大師さま、どうか早く寺に着かせてください」と祈って、20歩ほど登ると、そこは山頂の平地の道となっていました。つくづくお大師さまの神力に感謝したことでした。

　今般、この険路で気がついたのは、この水不足の折、貴重な清水が湧いているところがあったことです。そこには石柱が建っており、「享保3年6月、この霊水速かに病患を治す、これによってこの標を造立す。雲辺寺法印義仁代」と読めました。ただし、水飲場として手入れされていないのが惜しいです。ここは、山上の平地から200メートルくらい下のところに位置しています。

　なお、雲辺寺の境内にも大変美味な大師加持水が湧いていますが、今般は水不足ということで汲むことはできませんでした。山麓より約3時間の登攀でした。

　阿波、伊予、讃岐の三国の境とされる当山は、近年はむしろケーブル利用者がほとんどです。讃岐札所の打始めとして、大師御作と伝えられる千手観音に観音経を奉読。ここにも中務茂兵衛の石標が立っています。147度目の巡拝のものであり、「旅うれし只ひとすじに法(のり)の道」の道句が刻まれています。

　近年、境内に石の羅漢像が置かれています。かの有名な賓頭盧(びんずる)尊者はどこにおられるのか、膝まで届く長眉は尊者の特相であり、捜すのには時間がかからなかったものの、その名は無作慧善尊者とあります。賓頭盧尊者の原語からはこの名は割り出せません。また、賓頭盧尊者の別名としても聞いたことがありません。別の羅漢さんでしょう。研究課題となりました。

　　雲辺寺猪(しし)掘る土の匂ひけり　　　證善

正午に次の札所67番大興寺に向って下山。この数年の間に、この山道はすっかり整えられています。雲辺寺に登ってくる道とは、日月の相違があります。かつては、獣に食われた鶏が幾羽も散乱していたのを思い出しました。途中、珍しい形の石柱がありました。その上部に地蔵を刻み「奉納六十六部中供養　明和元年、右へんろ、行者梅岩了英」とあります。

　さて、これのみならず、実に大興寺に行くまで、六部の建立による堂宇、石柱が他所よりも極めて多いのには驚きました。この地区は、粟井町に属し、かつては多くの六部が住みついたのでしょう。

　その六部行者の供養碑の1例として、白藤大師堂では、次のように刻まれています。

```
　安政六　摂州武庫郡〇〇村　清順
天下泰平
奉納大乗妙典日本廻國供養塔
日月清明　三月吉日　世話人　奥谷講中
```

　また、地元の人達も信仰熱心であったらしく、五穀豊穣のために、氏神に念仏（南無阿弥陀仏）を計10万遍奉唱しています。

　この場合、単に信仰熱心というより、やむにやまれぬ当時の事情を察するべきでしょう。すなわち、次の碑名からそれが推察できます。

```
　〇積　嘉永三庚戌年
氏神奉唱念仏拾満遍　五穀成就　塔
祇園　三月吉日　講中
```

　また、極めて興をそそる石塔としては、遍路札を集めたものがあります。

```
　享保九年
吽（梵字）邊路　六部　札供養
十一月廿一日
```

　上の塔は、四国遍路者の納札、あるいは六部行者の納札をとり集めてここに埋めたか、焼いたものでしょう。近くの堂宇、寺や民家から集めて処分したものと思われます。

　さて、67番大興寺に午後4時到着。ここには、大師手植えと伝えられる榧の古木、あるいは大楠が聳えています。仁王門の修理として長崎廻国中行

者の石標が立っています。このように廻国（六部）行者の修理、建立を数えると枚挙にいとまがありません。喜代吉氏の研究では、江戸時代から以降、特に奥羽地方等、北のほうから出稼ぎを兼ねて、集団で廻国をしていた者もいたとのことです。

　石段を登って境内に入ると、徒歩遍路者が寺の人に注意を受けています。遍路道を来るとまずは裏門に達します。そこから表門（仁王門）に回らねばならないのですが、便利なものですから、裏門から入ったところ、寺の人に見つかったのです。

　ここの本尊は、薬師如来。真紅の太い蝋燭に祈願を書きます。紅い色は、仏の慈悲の色、どこかの観音さまの供養にも、この紅い蝋燭が使われているのを想い出しました。観音は、代表的な慈悲の仏なので、蝋燭も花の色も赤色にて供養することがあります。種々の観音のうち、特に千手観音は、かつて大悟されて正法明如来となったのですが、一切の生きとし生けるものの苦を憐れみて、如来の座から再び菩薩に戻られた経緯があります。

　というわけで、観世音菩薩の底しれぬ大悲心（苦しむ衆生の立場に立って憐れむ心）は、我々凡夫には推しはかることができないのです。かつまたその慈母心によって救われる衆生の数も無量です。よって四国88ヶ所も、観音を本尊とする寺は、29か寺を数え最も多いのです。次に多いのが今の薬師如来であり、23か寺の本尊となっています。

　　　大慈悲の紅き灯の中冬遍路　　　證善

　午後4時半に大興寺を発つ。さて、野宿の場所を求めつつ歩いていると、車が接近、停まりました。「お遍路さん、乗りなさい。きょうはどこまでですか、送りましょう」「実は泊まるところを捜しています」「それでは私の家に来るとよい」。

　関洋三さんは、昨年まで香川県満濃町の議員でしたが、町長に立候補して惜敗したのです。新築の家に案内され、夕食をいただきました。新米のおにぎりもありがたく、極めて喉が乾いて、お茶、水を何杯もおかわりしました。余り飲むものだから、奥さんから「寝る前ですよ」と注意されました。

　合掌して久しぶりに柔らかい蒲団に入ると、いままで居た茶の間から笑い声が漏れてきました。「それにしても、何とよう食べ、あんなに水を飲ん

だ」と聞こえてきました。関さんの友人も1人混って、3人で大笑いしています。

しかり、確かにきょうはよく食べ、よく水（茶）を飲みました。笑われてもしかたがないほどでした。初米は自宅でとれたもの、水は何でも徳島のほうから持ってきた自然水だとのことでした。美味だったのでコップで5、6杯は飲んだと思います。関さんは、四国、西国、坂東を巡拝、高野山はまだとのことです。私を知ったきっかけで、行けそうといいました。

■ 11月10日

5時前起床。奥さんが朝起きの会に入っているとのこと。関さんもその会の三信条を暗記していました。当家は日蓮宗ですが、私も法華経（特に観音経）の信者なのでとりたてて問題はないところから、仏壇にて読経。7時に家を出ました。

途中の遍路道の石標に混乱があり、その石標の前の店の主人も「役所の道標は間違っている」と明言するので、三豊合同庁舎の土木係に1人で行き訂正を求めました。そうすると極めて素直に認めてくれ、それなりに訂正するとの約束を得ました。

午前10時前に68番神恵院、69番観音寺に着きました。ここで1つ気になることは、観音寺の呼称です。普通はカンノンと音便形で読まれるところですが、ここはカンオンのままに読みます。したがって、カンオンジ町と読むことになります。

さて、この観音寺の大師堂には、「微雲管（みうんかん）」という額が掛かっています。私の管見では、第1番霊山寺の大師堂にも同じくこの額書があります。

すなわち、四国88ヶ所の中で2つしかない貴重なものです。かつて小生、微雲管の言葉について徹底的に調べたことがあります。

結論だけでいいます。この言葉は、弘法大師の御遺告（ごゆいごう）に見えるもの

「微雲管」の扁額

であり、管はクダの意ではなく館と同義（『諸橋大漢和辞典』）、したがって美しき雲のやかたの意味です。

むろん文献によっては、微雲館とも書いています。お大師さまが御遺告の中で、「私の本体は都率天にあって、その美しき雲のやかたから真言末徒の信、不信をしっかりと見ているぞ」と述べておられます。そして56億7,000万年後には、弥勒菩薩とともにこの世に降りてこられて、さらに衆生を救われるという、誠に広大な御誓願です。

昼食は、讃岐うどん。店主からお接待として、餅2個をいただきました。それより70番本山寺に向かう。本山寺は、四国札所の本尊としては唯一の馬頭観音が祀られています。

昭和40年代初めに参拝したときは、本堂のあたりは馬の臭いがプンプンしていました。その頃までは、近辺の馬も、祈祷を受けに来ていたのです。その名の如く馬頭観音は、馬、牛はもとより、畜生道全ての生類においても大慈悲の加護を与えてくださる菩薩です。

もっとも近年は、かの懐かしき馬の臭いなど、全く消え失せています。

また、この本山寺には、弘法大師の請雨法にて有名な善如竜王（青龍大権現）の珍しい画像があります。

なお、当寺のシンボルというべき端正な五重塔は、明治末の建立です。その由来は、盲目であった住職が、四国遍路発願、59番国分寺を出立してから目が見えるようになり、その御恩報謝のために建立したといいます。

次の札所、71番弥谷寺に向かいます。弥谷寺は、江戸期にはやこく寺とも呼ばれています。この峰からは八国が望めたので、古くは八国寺と書きました。

夕方になり、寺の山麓に達すると、どこからともなく車が停まり「暗くなるのにどこに行くのか」尋ねられ、弥谷寺までと答えると「すぐ先だが、まあ乗って」といわれました。車の中で野宿の場所を聞くと、最近、浴場が参道の近くにできているから、その浴場の外廊下あたりがよいといいます。

そこで下りて、さあどこに寝袋を陣どるか、観察していると、先ほどの車が戻ってきて、「ここではあまりにも何だから、私の会社に来てください。せめてそこで寝てください。貴方を信用します」とすすめられます。その方

は、宮脇敏弘氏であり、自分の鉄工所の事務所に案内してくれ、おまけに暖房まで入れてくださいました。

　しかも、翌朝迎えに来てくれ、寺の下の元の場所まで車で送ってくれました。昨日の関氏といい、宮脇氏といい、御四国には篤信の方々が溢れている感じです。

■ 11月11日

　木曜小雨。71番弥谷寺参道入口に、八丁目大師通があります。そこに若干の藜(あかざ)の杖がお接待として置いてあるのには瞠目しました。

　　　接待のあまりに軽き藜杖　　證善

　これほどまでに軽い杖は、どこにもないでしょう。

　弥谷寺の本堂の千手観音に読経。この山頂に至るまで磨崖仏をはじめ、五輪などが石壁に彫られています。この本堂の真後も仏を祀る穴があります。おそらくもともとは、その祠に仏が祀られていたと思われます。

　また、下の大師堂の奥に獅子岩窟という岩屋があり、少年真魚(大師御幼名)と両親にみたてた二仏(弥勒菩薩、阿弥陀如来)が安置されています。

　72番曼陀羅寺の不老松(笠松)は、いつ見ても感動します。実は、私にとってこの松の見納めでした。平成12年、この不老松は、突然枯れ始めました。平成16年に参拝したときは、この松の幹より弘法大師像が彫られていました。流石に霊松です。遂には大師像となってこの世に再生し

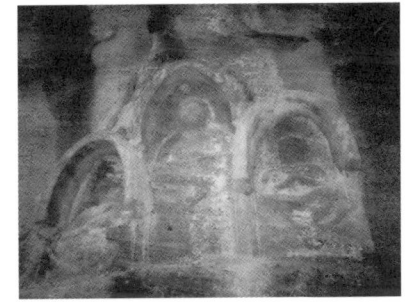

磨崖仏（弥谷寺）

獅子の岩屋（弥谷寺）

大師像（曼荼羅寺）

ました。

　75番善通寺は、大師生誕の地。東寺、高野山と並び弘法大師の三大霊刹。その三種の和歌は、以下の如くです。

　　我すまばよよ消えはてじ善通寺深き誓いののりのともしび　　（善通寺）
　　空海の心のうちに咲く花は弥陀よりほかに知る人ぞなし　　（東寺）
　　ありがたや高野の山の岩かげに大師はいまだおはしますなる（高野山）

　この三大霊刹は、大師の御力がまことに溢れています。しかしながら、そこにいる人々の雰囲気はというと、やはり善通寺が最も人ざわりがよいのです。僧自体に、寺全体に親切心が溢れています。

　ところで、善通寺は、弘法大師の誕生したところ（佐伯家跡）として古来から名を馳せていますが、江戸期に番外札所の海岸寺と一悶着があったのです。というのは、海岸寺が、大師の生まれたところは自分のところであると主張したのです。もっとも、海岸寺あたりは屏風が浦といい、大師の御母公の出身地と伝えられます。

　その決着は、善通寺は大師の誕生所、海岸寺は大師の御母公の出られたところとなりました。この海岸寺の当時の主張は、無理に善通寺誕生説を覆そうとしたきらいがあります。

　よって、現在でも海岸寺に行くと、「大師産湯の井戸」などと称したものが残っています。海岸寺は、古くから聖(ひじり)と称する者たちが常にたむろしていました。誕生院（善通寺）に参拝に来る人たちを相手に、大師の伝説を面白おかしゅう語って聞かせてもいました。

　幾種かあるこの唱導のうちには、『四国八十八ヶ所山開』も含まれており、その一部を紹介しましょう。

　　「…宝亀5年6月15日寅年寅の月寅の刻に御誕生なされ、あこや御前はしかとだき、せんだん山に捨て子なされし、其時せんだん山の師通りかかり、これふしぎなる。
　　深山に赤子の泣き声と思へど法華経読むようにきこゑ、御そばに立つより顔色拝し奉れば、日月の如し、御身は仏の如く相見ゑ…我家に連れ帰り育てあげれば…七歳の御年、世上の者を助けんがため、我身を捨てて讃州弥谷山にこもり、学文なされ、一度四国をひろめんがため二十一歳

の御年に、春ハ三月四国をめぐられ給う。其時あさの衣にあじろかさ、背なに負俵(おいだわら)、さんやを首にかけたる札ばさみ、丈は六寸、横幅二寸、表の印ハ奉納四国八十八ヶ所としるし、同行二人、裏に三界万霊と書しるし、御手に手負、尻附。足に脚絆甲掛。あしながぞうり、左の御手に百八煩悩の数珠をもち、右の御手、金剛杖をつきなされ、山々谷々、南無大師遍照金剛ハ御まわりなされ、…以下略」。

　上の「弘法大師四国八十八ヶ所山開き」は、平成の現在でも『八十八ヶ所御詠歌』（京都、大八木興文堂）に見えています。

　まあ、それだけ綿々と伝えられてきた証しでしょう。この話の中では、大師は栴檀山に捨てられたところを、山の僧が拾って育てた内容です。もっとも、現在では、誰もが信用する話ではありません。ただ、およそ江戸初期頃の四国巡拝の姿がきちんと述べられている点には、興味が湧きます。

　というのは、現在に至っても、その姿はさほど変ってはいないのです。背なに負俵が現在はリュックとなり、足半(なか)草履は靴に変っているくらいです。尻附とは尻敷きともいい、歩き遍路にとっての必需品ですが、近年は廃れています。しかし、たまに付けて歩いている人もいます。手負いは現在も用いています。それは、単に手の甲を美しく見せるという類のものではありません。虫除けです。四国の山、谷を抜けるとき、藪蚊がものすごいのです。汗の匂いでどこまでも追ってきます。急坂で少し休むとどっと群がってくるのです。その感覚的理解は、車の遍路者には難しいでしょう。

　歩くと面白いことが多いです。例えば、土佐の足摺へ行く途中の側溝には、海の小蟹がうじゃうじゃ棲んでいます。紅い蟹が重なって、水や土の色が全く見えないくらいです。その近くの大岐(おき)という湾で身を冷したとき、少しだけの食べかけの菓子袋を、衣類のそばに置いていました。

　さあ食べようと思って菓子袋を取ったところ、菓子は１つも残っていませんでした。おや、と思って近くを見ると、多くの蟹がそれぞれに菓子を挟んで、一目散に逃げている最中でした。青い砂浜で腹が痛くなるほど笑いこけました。

　さて、75番善通寺の大楠は、大師生誕の頃まで十分遡る樹齢とされます。午後４時にその大楠と別れて善通寺駅に向います。善通寺には幾度も宿泊し

ていますが、今回は自身を敢えて厳しく課しました。

　駅の中は遠慮して外のベンチ、寒空の下に陣取ります。午後11時半になって外の電灯が消されました。今夜は、いつもより厚く着込みます。上はシャツ、短い白衣2枚、ゴアテックスのカッパ、下はステテコ、足は足袋、その上に白い靴下を履き、頭は手拭いをまきつけ、ゴアのカッパについている帽子をかぶり、寝袋に入ります。いきなり雨が降ってきます。しかし、何と、このような冬夜、蚊が襲撃。この駅、人の往来が多いせいでしょうか。

■ 11月12日

　金刀比羅宮に向います。コンピラは、梵語のクンビーラが原語。鰐の意であり、実際、金刀比羅宮では、明治の神仏分離までは尊体として鰐が祀られていました。したがって、航海の安全は、お手のものです。鰐といっても薬師十二神将のうちのクビラ大将であり、神通力を具し、衆生を助ける霊格をもっています。そこで、善通寺の本尊薬師如来に対し、眷属のクビラを祀っているのが、この象頭山(ぞうず)。

　むろん、一体ならず、多くの鰐が現在も霊的に存在しています。象頭山は、もともとインドの霊鷲山(りょうじゅせん)の上にあり（かつて参拝）、その昔、大力王の鰐（クビラ）が釈尊に落ちてきた岩を遮ったことで有名です。それは、提婆が釈尊の命を狙って落したものでした。

　すなわち、象頭山の金刀比羅の大神とは、インドの由来です。現在の神社は、クビラ大将の名を出さず、日本の神々一辺倒ではありますが、不思議にその世界では神と仏は仲よく、クビラ大将は今日も人々の幸のために大いに活動しているのです。よって薬師とクビラの関係、すなわち善通寺と金刀比羅宮は、甲乙の関係であり、古来からともに参拝され来たっています。

　金刀比羅宮の中段に白馬がいました。この宮の神馬(しんめ)は22歳、大きな蚊にしきりに尾を振っています。多分蚊の大きさも馬の血によるものでしょう。

　　　神馬の舎この冬の蚊の大きさよ　　　證善

　参拝後、セルフサービスの手打うどん、大盛で350円、安い。76番金倉寺、77香道隆寺と打ちます。今度は、手打ラーメン。ジャンボでやはり350円。御四国は麺類が安くて修行者には誠にありがたいです。

夕方に78番郷照寺着。住職の佐藤恒憲氏は、私の後輩です。特別に内陣の弥陀聖衆来迎立体像と一遍上人像をカメラに写させてもらいました。ここの内陣は、めったに人に見せませんが、今度ＮＨＫに出るといいます。彼の言葉に甘えて寺で一泊。まさに弥陀の極楽浄土の感がありました。

　夜、当寺は一遍上人の関係で時宗なので、彼からその歴史を聞いていたとき、かの仏海上人の利剣名号が蔵の中にあるといいます。数の少ない貴重品です。

　なお、ここ郷照寺は、人里離れた海浜の岡であり、古来から修行者が籠っていたところでもあります。

　有名なのは、高野山の道範上人（1178〜1252）が無実の罪によって讃岐に配流されたとき、ここにて法を修しています。上人自らが植えたという槇柏の木があり、平成元年の頃まではその１本の枝が命を保っていましたが、今は枯れ果てた大木のみが残っています。上人は、この柏の木を植えて、高野山を懐かしんだといいます。よって高野山望郷の柏の木といいます。

　ところで、この柏とは、カヤともいい、求聞持の法に深い関係のある木です。同じカヤでも榧の木ではありませんが、香木として類似性があります。弘法大師は、求聞持の法によって大悉地を成就したので、上人もこよなく愛された木なのです。

　かつて道範が当寺で詠んだ歌には、次のようなものがあります。
　　うたつかた此の松陰に風立てば島のあなたもひとつしら浪
　　さびしさをいかでたへまし松風の浪も音せぬすみかなりせば
　別に木食上人相観が居たところでもあり、その小堂が半焼したままになっているのが惜しいです。

　なお、この綾歌郡には、無形文化財の念仏踊り（雨請い）が残っており、それは念仏にて踊る時衆聖の影響とされています。

■11月13日

　八十八庵を通ります。この地蔵堂の横に臼に乗っている善光寺式弥陀三尊（一光三尊）がありました。

　79番天皇寺から81番白峯寺へと急ぎます。うねうね坂はきついです。

82番根香寺に向かう山中で日暮れを迎えました。見ると2階建ての休憩所があります。その2階は、風が吹き晒しの見晴らすための場所、下も同じではありますが、2階には横になったときにわずかに風を除ける障害物があって、寝所とします。

いやはや大風、斜めに見えるわずかな星もこの風に飛び去らんとします。しかし、風の音よりも旅の疲れが勝って、いつしか朝を迎えました。

■ 11月14日

82番根香寺に着きました。入口に近年大きな牛鬼(うしおに)の像が、如何にも恐しい形をして建立されています。遡ること400年前、人畜を害したと伝えます。境内には彼の墓があります。

なお、境内には牛頭(ごず)観音が珍しい。頭頂に牛頭が載っています。打ち戻って、80番國分寺に行くための遍路ころがしを下ります。有名な遍路ころがしです。かつてすべって泥にまみれつつ、國分寺に辿り着いた経験があります。

しかし、びっくりしました。最近の遍路道の整備により、きちんと階段状になり、転げたくとも転げられないような状態でした。2、3の女の人もさほど苦のない様子で歩いています。

牛鬼像（根香寺）

80番國分寺では、友人の伊予の円満寺、武内正和氏と偶然出くわしました。彼は、檀信徒を連れていました。

84番屋島寺の遍路道には、食わずの梨がありました。花梨の実です。かつて、食わずの梨が花梨の実とわかって、吹き出した経験があります。

屋島は、かの鑑真和上が逗留されました。その後、弘法大師が千手観音を刻み置きました。

山道を歩くと結構きつく、足腰の粘りがなくなりました。

■ 11月15日

昨晩は、道端のどこかの工場の屋根の下で1泊。体の疲れがとれていない

のが、この坂道をしんどくさせています。おまけに霧雨の中、徒歩で屋島を登る人は極めて少ないです。昼近く、山上で一信者さんからダブルうどんのお接待に感謝。午後1時半に下山。洲崎寺に向います。

　洲崎寺は、遍路道に建ってはいるものの、今まであまり参拝したことはありませんでした。しかし、江戸期の遍路再興者・真念の墓が峠方面で発見され、数年前に当寺に運び込まれました。それからというものは、それを知った徒歩遍路者たちが、しきりに当寺に立ち寄るといいます。むろん、真念の墓を拝むためです。

　師の墓は、卵塔であり、風雨のために刻字が判然としない部分があるものの、真念の名ははっきりと見て取れます。元禄六年と記され、真念庵の追福地蔵は元禄5年ですから、翌年に建立されたものです。この真念の墓が当寺に移転されたことにより、洲崎寺の名は、昔のように遍路の名所の1つになることでしょう。

　85番八栗寺登拝。しかし、5時を過ぎてしまったこともあり、山上のケーブルの外の待合所で1泊することにしました。待合所といっても、凩がびゅうびゅう素通るところです。深夜に至ってさらにその風力は増すばかりでした。明け方、白みはじめた頃目を醒ましました。ところが、干してあった脚絆、靴の敷皮をはじめ、衣、カッパなどすべて吹きとんでおり、四つん這いになってやっと捜し当てたほどでした。山上なのでこちらが思うよりも凩の勢いは強かったのです。

　　旅衣夜の凩にさらはるる　　　　　證善
　　寝袋に木の葉訪ふまま寝落ちけり　同
　　凩の轟音外寝慣れにけり　　　　　同
　　八栗山谷削りくる野分かな　　　　同

■ 11月16日

　小雨後晴。今1度八栗寺を参拝。近くの店で300円出して朝食用の藷を買うと、さらに3個お接待に預りました。その暖かさは、寒さにかじかんでいる手にもありがたいです。

　午前8時に下山。道休禅師（貞享元年、53歳没）の墓に向かいます。道

休禅師とは、一体誰かといえば、真念の著『四国徧礼道指南』の中で、この道休禅師の遍路27度成就を讃えており、その墓を遍路者が回向すべく勧めています。真念の遍路回数は20余度、道休はその意味では遍路の先輩でありました。真念が遍路の本を書くにあたって、おそらくは道休に諸々の教示を受けたに相違ありません。

それ故にかの道休に追慕の念を禁じ得ないのでしょう。道休の辞世の歌は、次のとおりです。

道休禅師の墓

いままでは遠き空とぞ思ひしに兜率(とそつ)の浄土そのままの月

見事というべき内容です。兜率の浄土とは、弘法大師のおられる弥勒の世界であり、現実の月をそのまま浄土の月と見る心境に至っています。墓が溜池の下にあることを近所の人に教えられ読経。墓は、長き風雨によって痛み、どうにかその名を判読できる程度です。

今朝のお接待の藷を供えました。道休禅師を讃えて一句。

　　　石として冬日吸ひをり遍路墓　　　證善

86番志度寺に昼前に到着。堂守の女の人から御菓子1袋、落雁2個のお接待。当寺の本尊は十一面観音。珍しくも寺の開基は、藤原不比等。ともあれ御四国の本尊に観音は多いです。四国の辺地を巡る信仰は補陀洛信仰に通じ、88ヶ所のうち観音を本尊とする寺は総計29か寺です。

遍路橋を渡って87番長尾寺に到着。いよいよ結願に近づきつつあります。当寺は、義経の愛妾、静御前が得度した寺です。午後4時15分に寺を発ちました。途中に宗林寺という俳句寺がありました。山頭火を始めとする小さな句碑がたくさん建てられています。ちょっと見たい気もしましたが、夕闇が迫るので先を急ぎます。5時15分、過日、愛媛の辺路研究家・喜代吉栄徳氏より教えられた小堂に到着。許可を得て通夜。

ところで、この小堂は、遍路研究においては貴重な存在です。というのは、堂横に遍路136度巡拝した芸州忠左衛門の墓があるからです。文久2

年（1862）に墓碑が建立されています。当時136度といえば途方もない記録です。かの中務茂兵衛も137度の数にして、多数度巡拝者番付に記されているから、忠左衛門の度数は1つの目標であったに相違ありません（喜代吉氏指摘）。

　さて、この小堂の中は、三畳ほどで弘法大師と善光寺式弥陀三尊がともに石で彫られています。横になったものの、明日の結願が脳裡をよぎり、なかなか寝付かれません。おまけに近くの鶏舎から雄鶏の甲高い鳴き声が耳につきます。1日前にして結願できなかった話もある故、諸々の点で油断はできぬと自心に言い聞かせます。

芸州中左衛門小堂本尊
（善光寺式弥陀三尊）

　ところが、自身の悪因縁に襲われました。小用に外に出て側溝に落ち、左足を捻挫してしまったのです。何とか歩けるので助かりました。結願を前にして情けない。星は天に満ちてはいますが、極めて寒いです。小堂の外も中も温度は変わらないです。スケスケに風が忍び入ります。

　　　鼻水を風が拭ひし遍路かな　　　證善
　　　蝋燭に手焙る冬の遍路かな　　　同
　　　側溝に落ちて仰ぎぬ寒の星　　　同
　　　悴（かじか）みて合掌できぬおかしさよ　　　同
　　　鶏鳴に露（こご）なほ凝る道の宿　　　同

■11月17日

　晴れ。6時起床。やはり左足首が痛みます。しかし、何とか88番大窪寺まで行けそうです。寺への道筋は、2つあります。足が痛むので今回は山手の登りコースを避けました。

　　　凩に押さるる慈悲や大窪へ　　　證善

　午後1時、やっと結願を果たし、早速、大盛うどん（500円）を味わいました。店長より帰りの野宿用といって粽（ちまき）を5個お接待されました。きょう

はどこまで行けるかわかりませんが、そろそろと足を引きずって行きます。一応、徳島と香川の境の「境目」まで出ることにしました。そこには、記念すべき中務茂兵衛の道標が立っています。

途中、珍しい造りたての炭焼竈がありました。持主の猪熊さんより飴10個をお接待されました。急斜面の八丁坂を登ります。反対から来ると、確実に遍路ころがしです。やがて、境目に出て、茂兵衛の279度の道標に着きました。2本あるうちの1本です。

その後、夕暮れの中を、10番札所に向かいます。といっても宿もなく、地元の人が、ビニール袋のお接待。その中には固い餅2個、蜜柑2個が入っていました。「どこか廂の張ったところはないか」と聞くと、遍路に対応慣れしているらしく、「歩いて行けばどうにかなるじゃろ」といとも簡単にいいます。

茂兵衛279標石

やがて、月寒の中、深夜零時に至りましたが、どこにも廂らしきものもなく、何ともなりそうにありません。

やっと古い工場の破れ廂を見つけましたが、がらくたばかりあって寝るところはありません。ふと横を見ると廃車がありました。念のためそっとドアに触れると、何と開いたのです。もう贅沢はいっていられません。今夜はこの動きもせぬ運転席で坐眠と洒落込みました。

落ち着くと、空腹がどっと押し寄せます。粽、固い餅、蜜柑の半分を食べました。ほぼ直立に坐したまま、朝を迎えます。いつのまにか寝込んでいました。それにしても近所の犬が吠えること、吠えること。彼等は、実に名犬です。廃車の中の私を察知しているのです。夜寒の露が凌げるだけでも廃車は有難かったです。これも大師の慈悲です。

■ 11月18日

一時雨模様。お接待という恩に感謝しつつ、残りの固い餅をかじります。

　　出立の遅るる遍路朝時雨　　證善

9時に手押し車の遍路者、幸月氏と遇いました。遍路ぶっ続け3年目とい

います。あと2年は続けるといいます。篠山観音で入手した百日紅の柄の錫杖を持っていました。彼の話の中に、86歳の徒歩遍路者（和歌山）が登場。また、幸月氏は、自作の俳句のパンフレットを持っていました。

　その中、私は、以下を選びました。
　　（一期一会簾の裡の妙絹尼　歯長峠ぐみも遍路の糧と摘む　紫陽花に影絵となりし万次郎　梅雨凌ぐ錫杖幕の一柱　妻子捨てし遍路に叫ぶ不如帰　寝袋に蟹の割り込む浦泊り）以上、幸月

　実は、この幸月氏、後日判明したことですが、罪があって逮捕されています。しかし、遍路中の彼の善根功徳の1つに、私の元から遍路に行っていた高野山大学生、細川敬真君を助けています。というのは、細川君、土佐に入る手前で靴が痛み始めたので、草鞋（わらじ）大師に「どうかお大師さまよい靴が入手できますように」とお願いしました。

　ところが、なかなか合う靴が見つからず、佐喜浜あたりまでそのままでした。野宿のため、夫婦岩（めおと）の東家に入ったところ、幸月氏がいて、夕食を分けてくれました。しかも、念願の丁度よい靴を幸月氏よりお接待されました。

　細川君は、その靴で元気百倍、ありがたい遍路ができたといいます。そのとき、幸月氏が細川君との会話の中で「自分は土佐の善根宿、都築氏宅の便所を造った」とも語ったといいます。

　10番切幡寺に着き、順に6番安楽寺まで逆に打ちました。夜は、件の如く、畠田副住職の遍路研究室（兼陶工芸）に行き、遍路の話に花を咲かせました。突然、足が引きつります。体は正直だ。疲れているらしい。彼の本棚から2冊ばかり借りて自室に戻ったものの、開きもせずに爆睡。

■11月19、20日

　さらに、6番安楽寺にて宿泊。20日に1番霊山寺を経て、高野山に帰りました。むろん、奥の院御礼参拝。

　参考までに今般の遍路費用を算出しました。

　自分の費用（180,805円）＋托鉢、接待、布施等（93,530円）＝289,835円。期間は、平成11年10月9日〜11月20日。他の接待品は、菓子、柿、餅、飴、風呂敷等。
　　　　　　　　　　　　　　　　　　　　　　　　　　　　合掌

著者略歴

浅井　證善（あさい　しょうぜん）

昭和21年（1946年）北海道に生まれる。新十津川町出身。昭和48年、高野山大学大学院博士課程修了。平成元年学修灌頂入壇。平成11年徒歩遍路6度目成就。

現在、奈良市龍象寺住職、高野山専修学院講師、大峰山ボランティア「峰の友」代表。

主な著書に「真言宗食時作法解説」（高野山出版社）、「印融法印撰諸尊表白集」（共編、隆昌堂）、「日本の名僧4　密教の聖者空海」（共著、吉川弘文館）、「真言宗の清規」（高野山出版社）、「へんろ功徳記と巡拝習俗」（朱鷺書房）、「別所栄厳和上伝」（東方出版）など。

Seluba Buddhism Books
知る・わかる・こころの旅を豊かにする
セルバ仏教ブックス

はじめての「四国遍路88ヶ所巡り」入門

2009年8月25日　初版発行　　2021年9月24日　第3刷印刷

著　者	浅井　證善　　　ⓒ Shyozen Asai
発行人	森　忠順
発　行	株式会社セルバ出版 〒113-0034 東京都文京区湯島1丁目12番6号 高関ビル5B ☎ 03 (5812) 1178　FAX 03 (5812) 1188 https://seluba.co.jp/
発　売	株式会社創英社／三省堂書店 〒101-0051 東京都千代田区神田神保町1丁目1番地 ☎ 03 (3291) 2295　FAX 03 (3292) 7687
印刷・製本	株式会社 丸井工文社

- 乱丁・落丁の場合はお取り替えいたします。著作権法により無断転載、複製は禁止されています。
- 本書の内容に関する質問はFAXでお願いします。

Printed in JAPAN
ISBN978-4-86367-015-0